備えあれば憂いなし

吃音の
リスクマネジメント

菊池良和
医学博士

学苑社

プロローグ

「吃音は治りますか？」と相談に来る子どもや大人が、思ったほどどもっておらず、相談を受ける医師、言語聴覚士、ことばの教室の教諭や臨床心理士が対応に困ってしまったことは多いでしょう。「きみの吃音はたいしたことはないから、気にしないように」という答え方では、相談に来た人はあまり満足することはありません。逆に、とても目立つ吃音があるために、話し方の訓練を直接行なっても、「この訓練を続けたら、いつ治るのですか？」「いつまで訓練は続くのですか？」と質問されることや、訓練効果に満足せず、急に来なくなることもあります。また、吃音のある人ばかりではなく、周囲の人が吃音に対して誤解をしていることも多いです。

だからこそ、相談を受ける医師、言語聴覚士、ことばの教室の教諭や臨床心理士は、主導権をもち、正しい道に導く必要があります。

吃音の相談を受ける際には、一貫性のある対応をしないと、吃音のある本人だけでなく、保護者や周りの人も混乱します。私の方針としては、人前で発表しないといけないときには言語療法を直接行なうことはありますが、それ以外では基本的に話し方の訓練を行なわない方針でいます。なぜかというと、相談に来る人は、「今、

困っている」というよりは、過去の吃音の嫌な思い出をもとに、未来を心配している場合が多いためです。吃音で起こりうる危機（リスク）に対して、"備えておきたい"という希望があるのです。

吃音の相談に来る人は、必ず「吃音は治りますか?」という疑問をもってやってきます。吃音を治せる方法があれば、医療人としてその治療をするのが私の役目です。しかし、現実において、「この方法で100%治せる」という吃音治療法は存在しません。治せないならば、吃音のある子どもや大人に起こりうるリスクを最小限にすることが医療人の役目といえます。吃音に向き合う方法を一緒に学ぶことがとても大切なのです。

前著『[1]エビデンスに基づいた吃音支援入門』では、多くの吃音の科学的根拠を紹介しました。本著では、その科学的根拠を実際の臨床にどう生かしているのか、ということを確認していただけるとうれしいです。

リスクマネジメントとは、危機（リスク）を組織的に管理（マネジメント）し、不測の損害を回避または低減する考え方です。戦後、経済概念としてアメリカから導入されました。1970年代には「危機管理」と訳されて、医療現場でも2000年から導入されてきました。そして、[2]医療現場でも2000年から導入されてきました。用語として広まりました。2005年には元ライブドアの堀江貴文社長が「想定外（内）」で流行語大賞た。

▼[1]『エビデンスに基づいた吃音支援入門』菊池良和著　学苑社　1900円+税

▼[2]堀江貴文（1972〜）株式会社ライブドア元代表取締役社長

プロローグ

を取ったり、2011年に起こった福島原発事故に対して、『想定外』の出来事だったのか」と議論を巻き起こしたりしました。

「人は誰でも間違える(To err is human)」ということばのように、現在において過ちは個人の責任ではなく、「システムの問題である」という見解になってきています。だからこそ、吃音がある子に起こりうる危機(リスク)を想定して、その対応をすることが医療人・教育人には必要なのです。2013年6月には「いじめ防止対策推進法」が成立して、学校現場でもリスクマネジメントが始まっています。この本をきっかけに、吃音のリスクマネジメントの考え方が広まり、吃音者の生きやすい社会になることを願ってやみません。

▼[3] 福島原発事故
2011年3月11日に発生した東北地方太平洋沖地震によって引き起こされた福島第一原子力発電所事故

▼[4] To err is human
イギリスの詩人アレキサンダー・ポープのことば

▼[5] いじめ防止対策推進法
平成25年6月公布、9月施行

目次

プロローグ 1
吃音とは？ 7
吃音のリスクマネジメント 10
リスクマネジメントのテクニック 11

1 幼児期のリスク …… 15

- リスク1 真似が始まる 16
- リスク2 「なんでそんな話し方なの？」と聞かれる 18
- リスク3 友達に笑われる 21
- リスク4 お遊戯会の発表 25
- リスク5 吃音がひどいとき 27
- リスク6 親による話し方の矯正 31
- リスク7 人前で子どもがどもることが心配 34
- リスク8 祖父母の過剰な心配 37
- コラム1 「英国王のスピーチ」から学ぶこと 40

2 小学校低学年のリスク …… 41

- リスク❶ 吃音のからかい（真似、指摘、笑われる） 42
- リスク❷ 「なんでボクは、あ、あ、あ、ってなるの？」 44
- リスク❸ 先生への吃音の伝え方 46
- リスク❹ 音読の対応 50
- リスク❺ 劇の発表 53
- リスク❻ 苦手な場面 55
- コラム❷ 下の子が産まれたころから、吃音が始まった 57
- リスク❼ 吃音がひどいとき 58
- リスク❽ 家ではどもるのに、学校ではどもらない 61
- リスク❾ 習い事 64
- リスク❿ 親による話し方の矯正 66
- コラム❸ 環境調整の考えと効果 69

3 思春期のリスク …… 71

- リスク❶ 自己紹介 72
- リスク❷ 不登校（新しい環境への適応） 76
- リスク❸ 先生の無理解 80

リスク4 病院に行きたい 83
リスク5 部活を始める 86
リスク6 親が吃音改善の通信販売を勧める 88
コラム4 中学・高校にはことばの教室がほとんどない 90

4 大学生～社会人のリスク 91

リスク1 自分の食べたいものの注文 92
リスク2 人前での発表 96
リスク3 就職活動の乗り越え方 99
リスク4 電話の問題 102
リスク5 吃音を軽減したい 106
コラム5 思春期以降の吃音のある人の話に共感するコツ 109
コラム6 「英検」の面接に「吃音症」の配慮が追加 110

資料 111

エピローグ 121
参考文献 124

装丁 有泉武己

▼ 吃音とは？ ▲

私は、診察に来る幼児から大人まで、本人または保護者に「どのように『吃音』を他人に説明しますか？」と聞くことから始めています。最近は事前にインターネットで「吃音」について調べてくる人が多くなっていますが、肝心の「吃音」について客観的に説明できる人は意外と少ないです。30年、40年と吃音であった人でも、自分の吃音を説明できる人は意外と少ないのです。たとえ「吃音って、どもること。原因も治療法もわかっていない」と答えられたとしても、その説明では周りの人に吃音のこととは全く伝わりません。

私は「吃音は連発、伸発、難発の3種類ある」と書いてある吃音の書籍を初めて読んだときから、「なぜだろう？　吃音ということばが3つのことばを指すのは変だなぁ」と思っていました。そのような過去の想いもあり、私は「吃音とは最初のタイミングが合わないこと。連発はタイミングが早いこと。伸発はタイミングが遅いこと。難発は自分でタイミングを合わせようと、のどに力をいれること」と、相談に来た人に説明しています。

吃音のある人は「えー」「あのー」ということばを前につけることが多いと思いますが、同じことばでもそのような挿入を入れることで、タイミングをずらし言え

る工夫を自然としています。また、一人で音読するときはひどくどもっていても、クラスみんなで声を合わせて、人のタイミングに合わせると話せるのです。大勢でなくても、誰かと声を合わせたり、伴奏に合わせて歌ったりするとどもりません。メトロノームに合わせて話すと、スラスラ言えるのです。自分のタイミングは合わなくても、他人のタイミングに合わせるとスラスラ言えるようになるのです。

幼児、小学生の低学年のころは、自分の吃音をコントロールする技術がないので、苦しそうにどもるのです。しかし、小学校3年生ころから、苦手なことばを言い換えたりする工夫が始まり、思春期になると、人前でどもらないようにするために会話の途中でも急に黙ってしまう子さえいます。すると、表面的に吃音が見えないために、相談に行ったのにもかかわらず、「あなたの吃音は軽いから、心配しないで」と誤解をされることがよくあります。

長い目で見ると、成長するにつれて吃音は軽減します。しかし、吃音者の10人に4人は対人恐怖症（社交不安障害）に陥ってしまうという調査が近年報告されています。

「セラピー中に吃音のある子の吃音が悪くなったら、どうしよう」と不安になるセラピストがいると聞きます。実は、世界の吃音研究でいまだ解明されていないのは、"吃音の波"です。なぜ吃音頻度が増えたり、減ったりするのか、世界中の論

▼[6] 対人恐怖症（社交不安障害）
新しい人に会ったり、新しい環境に入ったりするときに、普通の人が感じる以上に不安や恐怖を感じ、動悸や手の震えなど自律神経症状まで発生する疾患

▼[7] 吃音の波
吃音は見た目に吃音頻度が増加したり、吃音頻度が低下したりすること

吃音とは

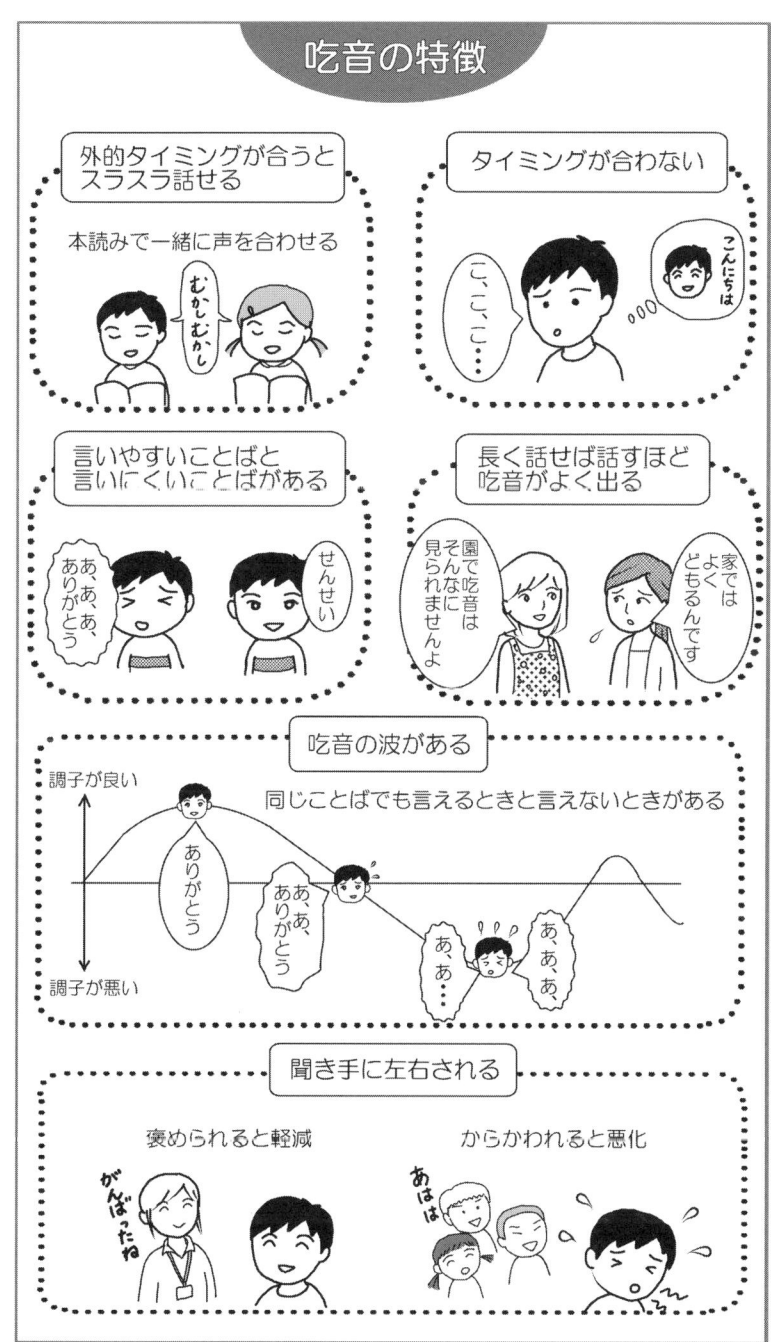

文を調べましたが、ほとんど記載がありません。しかし、恐れなくて大丈夫です。吃音が悪くなっても、からかい・いじめなどが継続されなければ、必ずまた吃音は軽くなります。最も重要なことは、"発話意欲"を減退させない一貫性のあるかかわりです。だからこそ、見た目の吃音の軽減よりも、"発話意欲"を育てることが将来の起こりうるリスク回避となり、自信をもった大人になれると考えられるのです。

▼ 吃音のリスクマネジメント ▲

吃音の危機管理とも言い換えられますが、故事でいうと、「備えあれば憂いなし」[8]です。吃音のことで将来起こりうることや、その起こりうることに対して、どういうふうに対応すればうまくいくかを知っていれば、吃音は怖くなくなるのです。

吃音のある人は、具体的に大きく分けると家庭・学校・社会という3つの危機（リスク）に遭遇します。家族（親やきょうだい）に自分の話し方が認められるのか、学校で先生や友達に自分の話し方が認められるのか、社会の一員としての働きが認められるのか、といった危機（リスク）があげられます。

このような危機（リスク）に対して、リスクマネジメントの概念がないと、後手後手の対応になってしまい、吃音のある人の環境は悪化してしまいます。話し方の

▼ [8] 備えあれば憂いなし
殷（いん）の時代の宰相傳説（でんせつ）のことば

10

リスクマネジメントのテクニック

訓練ばかりに集中してしまい、吃音は軽減されずに、吃音のからかい・いじめが放置されてしまっている話はよくあります。

▽ リスクマネジメントのテクニック △

対策としては大きく2つに分けられます。「聞き手を変える」ことと「本人を変える」ことです。まず、「聞き手を変える」方法を説明します。聞き手というのは、吃音のある子ども以外の大人（親、友達、先生、祖父母、会社の上司など）や子どもです。親が吃音の原因であると言われていたことも過去にはありましたが、それは否定されています。親は自分の子育てに自信をもってください。クラスの友達に吃音の説明をすることは先生の役割です。先生、家族と相談しカミングアウト、つまり、「僕はどもるんですよ」と自分でも説明できるとよいでしょう。また、新しい学年になったときに、「私はことばがどもるけど馬鹿にしないでね」「ことばがつっかえるけど気にしないでね」「ことばが終わるのを待ってください」などと事前に先生と話し合った上で発表した子どももいます。吃音があることを伝え、先生が吃音のある子の味方となっているクラスでは、からかいは起きないでしょう。

▼[9] 親が吃音の原因

吃音は子どもの口から始まらず、親の耳から始まるという説の「診断起因説」から派生した誤解。『エビデンスに基づいた吃音支援入門』46ページ参照

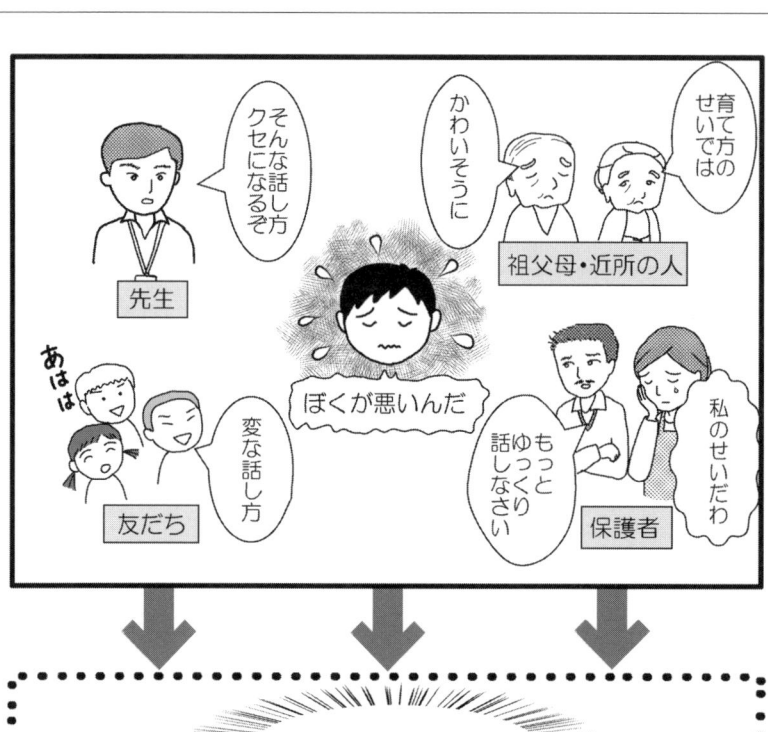

リスクマネジメントのテクニック

家庭では、吃音についてタブーとせず、必要があればオープンに話をしましょう。からかいや吃音の誤解の早期発見のためです。新しい環境で「真似されていないか」「指摘されていないか」「笑われていないか」と3つ聞いてみましょう。学校での対応は、本人と先生が吃音支援の対話を直接しましょう。親御さんと先生で「こんな配慮がいいだろう」と思って対処した結果、本当の本人の気持ちとしては、実はこういう配慮はしてほしくなかったかということがあります。他に学校や職場に専門家としての意見書を作成してみましょう。専門家がどのような対応をしてほしいのかを具体的に書かないと、現実問題として変わってくれません。

次に「本人を変える」ことの説明です。「本人を変える」には、いわゆる吃音軽減法である斉読[10]、オペラント学習[11]、適応効果[12]を使うことです。さらに心理面として、どもること＝悪いことという悪循環を断つことや、回避や言い換えをやめること、カミングアウトすることをよく使っています。

予防としては、大人（親、先生など）が吃音のことを理解して、吃音のある子もと対話をして吃音に伴う誤解から守ってあげる、という姿勢が大切です。吃音のある子どもたち同士では解決できません。吃音のある子が一方的にやられてからかいは、子どもたち同士では解決できません。吃音のある子が一方的にやられて、そのからかう子と距離をおくか、本当は友達になりたいと思っているからクラスメイトとけんかするか、という悲しい結末になります。

▼[10] 斉読
同時に声を出して読むこと

▼[11] オペラント学習
ある行動をした際に、周りの人の行動により、その行動が強化されること。吃音の場合、どもった際に、からかい・いじめなどの行為があると、吃音頻度はさらに増加する。また、流暢に話したときに、褒められたら、吃音頻度が軽減すること

▼[12] 適応効果
同じ文章を反復して読むと吃音頻度が徐々に軽減すること

吃音のある子どもに関わる目標として、「話す意欲」を低下させないことを目標としています。元々、子どもでおしゃべりではない子はいません。しかし、吃音があることで、周囲がその子をからかったり、誤解されて、発話意欲が低下していくのです。それを地道に毎年毎年予防していかないといけません。最も難しいのは不登校やひきこもりです。どもっても話す意欲を持ち続ける子に育てることが重要です。また、実際の場面を想定したロールプレイをすることで、危機の予防となりますので、実践してみましょう。

吃音を軽減する条件（Andrews et al., 1983）

	吃音が0になる方法	吃音が50〜80%軽減
すぐに	・歌を歌う ・DAFで引き伸ばし発声 　（250ms設定） ・ゆっくりと話す 　（通常の半分の速度） ・リズム発話 　（メトロノーム法） ・斉読 ・シャドーイング 　（1、2語遅れて読む） ・発声せず、口だけ動かす	・DAF（50〜150ms設定） ・声のピッチを変える ・マスキング（80dB） ・独り言 ・ささやき声
徐々に	・オペラント学習	・適応効果

実際に使用している

1

幼児期のリスク

1 幼児期のリスク

リスク❶ 真似が始まる

幼稚園の迎えに行ったときに、息子（6歳）の友達が吃音の真似をする場面に遭遇しました。息子は黙っていて、私もどうすればいいのかわからずに、急ぎ足で帰宅しました。

「真似しないでね」と大人が教えるべきです。

吃音のある子を見ると、子どもは3つの行動（①真似をする、②指摘する（「なんでそんな話し方なの？」）、③笑う）をします。真似をされたら、「真似しないでね」と優しく教えてあげればいいのです。すると、友達は「何で？」と聞き返すでしょ

1 真似が始まる

そこで、「わざとじゃないから、真似しないでね」と言いましょう。「もし、真似する友達がいたら、『真似しないで』と言って、息子を守ってね」と言えると完璧です。吃音のある子どもが生きていくためには、吃音のある子どもを守ってくれる人がいれば上手くいきます。守ってくれる友達を作ればよいのです。息子さんがだまっていたのは、対応の仕方を教わっていなかったからなので、親の対応を見て、息子さんは対応の仕方を学びます。大事なのは、真似をする子が悪いのではないのです(To err is human)。逆に友達になりたいから、同じ行動をしたがるのです。

ポイント

吃音頻度が増加する傾向があったら、「真似する友達いる？」『なんでそんな話し方するの？』「話すときに笑う人いない？」と尋ねて、「Yes」ならば、具体的にその友達の名前を聞きます。そして、先生に「○○君に真似をされた」と伝え、二度と真似されないように、先生から伝えてもらいましょう。その友達のお母さんをよく知っていれば、お母さんに「吃音」があることを伝えてみてください。説明が難しければ、巻末のプリントを使用してください。それから、本人に、「もし真似されたら、どうしようかな？」とロールプレイしてもいいですし、頭の中で考えておいてもよいでしょう。

吃音のからかいとは

①真似をする
②指摘する（「なんでそんな話し方なの？」）
③笑う
この3つが、からかい・いじめの初期。
「Yes」なら、具体的にその子の名前を聞く
　→先生に、吃音のからかいが生じていることを伝える。

1 幼児期のリスク

リスク❷ 「なんでそんな話し方なの?」と聞かれる

遊びに来ていたお兄ちゃんの友達(6歳)から、「なんで○○ちゃん(4歳弟)は、お、お、お、おもちゃと『お』を繰り返すの?」と聞かれて、どのように説明したらいいかわかりませんでした。

吃音の指摘・疑問に対して、無視しないことが大切です。

お兄ちゃんの友達は、本人(弟)に直接質問したけれど、答えてくれなかったので、親に聞いたということです。「スラスラ話せるときもあれば、時々繰り返して

2 「なんでそんな話し方なの？」と聞かれる

しまうのよ。わざと繰り返しているのではないのよ。○○ちゃんの話し方なんだ。真似したり、笑ったりせずに、話を聞いてあげてね。もし、真似したり笑う人がいたら、守ってあげてね」と伝えます。簡単に「○○ちゃんの話し方の癖なんだ。わざとではないから笑わないでね」と言うだけでもいいです。大切なことは、子どもが感じた疑問を無視しないことです。

親が答えられなければ吃音のある本人が答えられるはずはありません。だいたい5歳以上の友達から聞かれ始めます。"備えて"おかないと突然言われる日が来ます。友達だけでなく、その親にも伝えていることが有用です。あるお母さんは、私が渡した「学校の先生へ」（117ページ）のプリントをコピーして、多くのお母さんに手渡し、理解を得ています。伝えなければわかってもらえないのが吃音です。

ポイント

繰り返しになりますが、吃音のある子に遭遇する子どもは3つの行動（①真似をする、②指摘する（「なんでそんな話し方なの？」）、③笑う）をします。予防としては、新しい学年に入るとき、先生にまず吃音があることを伝えましょう。からかいを経験した子には、新学年になる前に「○○ちゃんの話し方のことを、先生から説明してもらおうか」と直接聞くことが大切です。先生から伝

1 幼児期のリスク

えてもらうことを希望する子もいれば、希望しない子もいます。大事なことは「伝えてもらう」という選択肢があることを子どもが知っていると、後々で、親や先生に頼ることができて、1人で悩みを抱え込まなくなるでしょう。

きょうだいに吃音のことを伝えるタイミングは、病院に行くときや、きょうだい間で吃音のからかいが生じる場面でよいと思います。私自身、3人兄弟なのですが、弟は、成人になって母親から私が吃音の活動をしていると聞くまで、どもっていることに気がついていなかった、と言っていました。これがお兄ちゃんのしゃべり方だと思っていたのかもしれません。

3 友達に笑われる

リスク ❸ 友達に笑われる

「友達に笑われることある？」という質問に対して、「うん」と答え、「笑われてうれしい？」と質問すると、「ううん」と首を横に振る息子（5歳）です。「笑われたらどうするの？」と聞くと、「黙っておく」と答えます。このような息子の考え方で大丈夫なのでしょうか？

> 先生に協力してもらいましょう。

吃音のある子は、多くの人前で話すことを非常に苦手としています。人前で話すときに笑われると、さらに吃音のある子の話す意欲が失われます。笑いは不特定な

1 幼児期のリスク

人がするので、誰か1人が笑うだけで、笑いは周囲の人にも伝染します。先生が「笑うな」と言ってくれるだけで、どもって話す友達のことを、「笑ってはいけないんだ」と教育されます。吃音を理解してくれる先生のクラスでは、どもっても笑われることはないでしょう。テレビのお笑い番組で、話すときにどもることや、噛んだりすることが笑いの対象となっており、大人も子どももうまく話せない人を見て、笑うことがしばしばあります。残念なことに社会全体でどもる人に対しての第一印象が、笑いの対象になっています。たとえば足が悪く車イスに乗っている人を見て、笑う人がいるでしょうか？　社会、学校・園での吃音の啓発は、これからも進めていかなければなりません。

　私は「わざとどもっているんじゃないでしょ。別に○○くんは悪くないよ」と話し、常に子どもの味方でいます。吃音によるマイナス要因を0にすることが、吃音のある人の自己肯定感を向上させるためには、最も効果があります。問診時のポイントですが、"真似される"、"なんでそんな話し方をするの？"と聞かれる"、"笑われる"が「Yes」ならば、次の2つの追加質問をすべきです。ひとつは、笑われて「うれしい？」と聞くことです。「いつものことなので」や「本人も笑っているので、大丈夫だと思います」という憶測は危険です。次に、「誰に、笑われているの？」と具体的に聞くことです。先生は具体的な人の名前を言わないと動いて

3 友達に笑われる

くれないこともあります。「私の見ているところでは、楽しそうに遊んでいますよ」と言われてしまうからです。

ポイント
園や学校の先生に吃音のことを知ってもらい、笑いが起きたら、「笑ってはいけないよ」とその場で注意をしてもらいましょう。

1 幼児期のリスク

リスク 4 お遊戯会の発表

> 6歳の娘ですが、今度幼稚園のお遊戯会で劇があります。本人にどのような配慮をすればよいのでしょうか？

本人と直接相談するに限ります。

大人の吃音の人に子どものころの話を聞くと、親の前で苦しそうにどもった経験は記憶に残っていないが、多くの人前で話す場面の嫌な記憶は残っている、と答える人は多いです。私も同じです。お遊戯会・発表会の練習の時期は、吃音頻度が増加するでしょう。ひどくどもるからといって、セリフのないもの、少ないものを全

1 幼児期のリスク

ての子どもが必ずしも望んでいるわけでありません。大人になり、「劇で主役をしたかったのに、どもるから話す役を与えられなかった」と悔やんでいる人もいます。もちろん、劇に対して、強い恐怖感をもつ子もいます。その場合は、吃音の特徴を利用して、「2人で言うセリフにする」「歌をうたう」などの配慮をして、「吃音だから回避する」ということをできるだけしないようにします。

なぜお遊戯会前に吃音頻度が多くなる子が多いのか、疑問に思う親御さんには、私は次のように答えます。「お遊戯会は先生もピリピリしていて、他の子を叱ることが増えます。そのようなことから緊張感が増すためではないでしょうか」と説明します。「吃音頻度が増加するのは仕方ないことですが、時間とともに元のレベルまで落ち着きます」と、あらかじめ親御さんに伝えておくと、想定内の落ち着いた対応ができます。セラピーに通っていても、吃音の波があるために、表面の吃音に左右されないことが大切です。

> **ポイント**
> 親のできることといえば、自宅での劇の練習のときに褒めることです。どもっても、注意や話し方のアドバイスはしません。本人が嫌がるときは、「帰ってきたら、○○ちゃんの好きな晩御飯にしよう」とご褒美があるといいでしょう。

リスク ❺ 吃音がひどいとき

目をパチパチさせ、手足をバタバタしながら、最初のことばがでないことがあります。苦しそうに話す息子（4歳）に何か親として手助けできないでしょうか？

> 表面の吃音に振り回されず、話の内容を復唱（おうむ返し）してあげてください。

親の前でどんなに苦しくどもっていても、時間が経つと必ず落ち着いてきます。吃音には波があるためです。苦し本人の記憶には残りません。ひどくどもっ

1 幼児期のリスク

さについて、私は次のようなことを診察時に話します。「出産のとき、苦しかったですか？ あんなに苦しい思いをしても、時間とともに忘れてしまうものです。でも、そのときに言われた夫や助産婦、先生の一言はよく覚えていませんか？」。マラソンも同じです。「あんなに苦しいならば、ギブアップしたらいいじゃないか」とテレビ中継を見て思うことがあります。本人としては目標を達成したいから、苦しくても走るのです。同様に、話し方が苦しそうにみえても、子どもは話したいから話すのです。「お母さん○○見て、こんな発見したよ」と伝えたい意欲（内容）があるから話すのです。聞く方が話し方（表面）ばかりに注目してしまうと、話す意欲は下がってしまうでしょう。

私はさまざまな吃音の程度のある人と話をしますが、ひとつのポイントに絞って発話支援をします。それは、吃音の子が話したことばを復唱[13]（おうむ返し）することです。これには、3つの効果があります。まず吃音のある子が、ココまで話が伝わった、という満足感を得られます。2つ目は、こちらが復唱している間に、子どもは深呼吸できる時間を確保できるのです。「深呼吸して」と、吃音のある子にいくら言ったとしても、ストレスを与えるだけです。最後は、深呼吸することにより、吃音が若干軽減されます。吃音は言語障害であるため、長くい文章が分割され、吃音頻度が高くなってしまうのです。話そうとすればするほど、

▼[13] 復唱（おうむ返し）
その人が話したことばを繰り返すこと

28

5 吃音がひどいとき

どもっているときの聞き方の基本は邪魔せず、黙って聞くことです。しかし、毎日の生活で忙しい育児・家事のあるお母さんにとって、子どもが話終わるまで黙って聞くことはなかなか難しいでしょう。きょうだいがいる家庭ではなおさらです。だからこそ、子どもの話す顔をじっと見て待たなくとも、子どもが話したことばを復唱（おうむ返し）することで、子どもは聞いてもらった満足感、母親の育児ストレスの軽減ができると思います。

ポイント

吃音の頻度が増加することを予防する方法は特にありません。吃音頻度が増加しても、たくさんしゃべることは悪いことではありません。逆に、しゃべらなくなり、表面上どもらないけれども発話意欲の少ない子を、たくさんしゃべる子にすることは、至難の業です。

診察前には、吃音の状態をビデオやスマートフォンに撮影して、専門家に診てもらいましょう。また、吃音日記をつけてみるのもよいでしょう。日々の状態を主観的に1（吃音が0）～10（吃音が重度）でつけてみます。吃音の波を数か月単位で感じることが可能となるでしょう。

1 幼児期のリスク

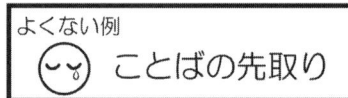

6 親による話し方の矯正

リスク ❻ 親による話し方の矯正

息子（3歳）がどもったので、「もう一度言って」とアドバイスしたところ、どもりませんでした。そのため、どもったときは、積極的に言い直しさせたり、「ゆっくり」とアドバイスしています。ただ、最近は効果がないように思います。

> 吃音に関する知識のない一般的な大人の対応です。
> 正しい吃音の知識を得ましょう。

正しい吃音の知識がない大人は、ほとんど間違った対応をしてしまいます（To err

1 幼児期のリスク

is human)。どもっている子をみると88％の大人は、「ゆっくり話しなさい」「落ち着いて」と言い、33％の大人が言い直させたり、ことばの先取りをしてしまいます（左図）。だからこそ、早期に吃音の正しい知識を得ることが大切となります。ただし、今まで話し方のアドバイスや言い直しをさせていた親御さんは、罪悪感をもつ必要はありません。吃音の正しい知識を学べばいいことです。

話し方の矯正のデメリットは、効果がないだけでなく、「今のあるがままの姿」を親に認められていないばかりか、発話意欲までも低下させてしまいます。ある親御さんの話ですが、小学校入学直前に病院に相談に行ったところ「何で、今まで放っておいたんだ。もっと早くくれば、治っていたのに」と言われてしまい、罪悪感をもってしまったそうです。早期相談は大切ですが、早いからといって必ず治せるわけではありません。セラピストは親御さんに不必要な罪悪感を抱かせないようにしなければなりません。話し方のアドバイスをしたからといって、治らなかった、というデータはありませんので、相談に来てからの対応が大切となります。

ポイント

吃音に関する昔の教科書には、古いアメリカの診断起因説（『エビデンスに基づいた吃音支援入門』46ページ参照）の影響で、親の態度を改める、という

6 親による話し方の矯正

「ゆっくり話しなさい」「落ち着いて」という人の割合
(The stuttering foundation, 2003)

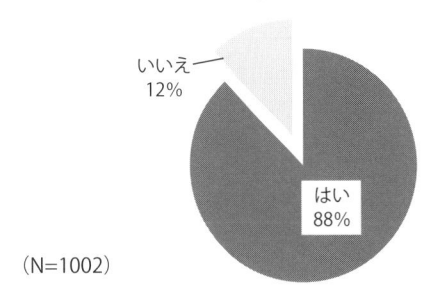

- いいえ 12%
- はい 88%

(N=1002)

言い直させたり、ことばの先取りをする人の割合
(The stuttering foundation, 2003)

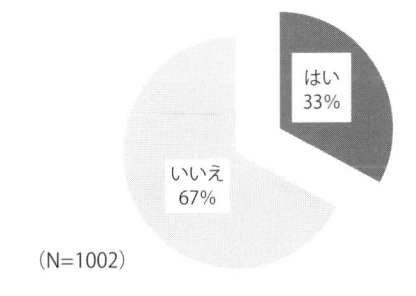

- はい 33%
- いいえ 67%

(N=1002)

対応方法が記載されています。この対応は明らかに誤っています。私は基本理念として、「どもる子どもは当然悪くないが、親も悪くない」ということを掲げています。いかに子どもと親を守っていけるかが、セラピストの重要な役割となっていきます。本著と前著『エビデンスに基づいた吃音支援入門』を読んでいただき、正しい吃音の知識を学んでください。

1 幼児期のリスク

リスク❼ 人前で子どもがどもることが心配

> ママ友から「吃音は愛情不足ってネットに書いてあったよ」と言われてから、ママ友の集まりに行きづらくなりました。他の親のいる場で、娘（4歳）が私の前だけでなく、人前で苦しそうにどもってしまわないか常に心配しています。娘がスムーズに話せないのがかわいそうでたまりません。

周囲の人に吃音のプリントを配ってみましょう。

わが子がどもっていることに対して、罪悪感を感じているお母さんは多いです。

7 人前で子どもがどもることが心配

夫や義母から、「あなたがひどく叱りすぎたから、この子はどもりになったんだ」と言われて、来院された人もいました。両親が離婚して、祖父母だけで育てられている子どもが、「環境が悪いから仕方ないでしょうね」とある相談所から言われてしまい、私の所まで相談に来たケースもありました。「吃音＝愛情不足」というのは、診断起因説（『エビデンスに基づいた吃音支援入門』46ページ参照）から派生した誤った知識です。環境やストレスという曖昧なもので吃音が発症することはありません。吃音は3語文を話し始める2〜5歳の年齢で始まることが多いです。だからこそ、発達性吃音は言語障害に分類されているのです。

もうひとつ吃音の誤解として、本人に「どもっていいよ」といくら言っても、あまり効果はありません。本人の努力は必要ないのです。親と本人が、「どもっていてもいいんじゃない」と思えることが大切であり、そのためには、親が本人と頑張るのではありません。親と本人以外が、「どもっていてもいいんじゃない」と思えることが大切になります。

吃音の発症する月齢
（Yairi and Ambrose, 2005）

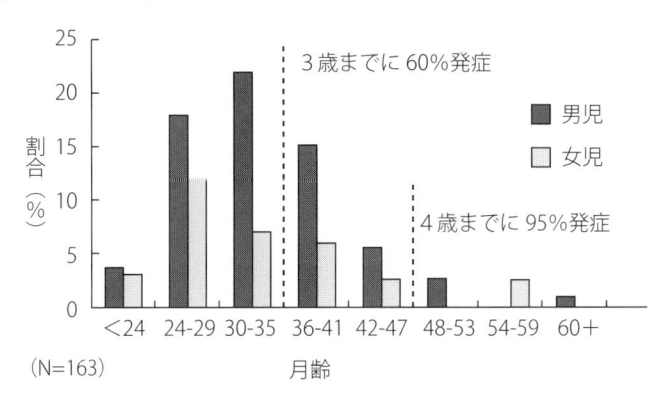

割合（％）／月齢

- 男児
- 女児

3歳までに60%発症
4歳までに95%発症

（N=163）

1 幼児期のリスク

ポイント

残念ながら、吃音に関する情報をインターネットで調べると、吃音の古い情報と新しい情報が混在しており、さらに吃音教材の通信販売なども多数あるために、多くの保護者が混乱しているようです。早期から正しい吃音の知識をもち、さらに、知り合いの人に、子どもの吃音のことを自分から説明できるとよいのです。娘さんの吃音のことを周りに正しく知ってもらえば、お母さんと娘さんは生活しやすくなるでしょう。巻末のプリントを周囲の人に配ってみることも有効な手段となるでしょう。

リスク 8 祖父母の過剰な心配

娘（6歳）について「ストレスを与えたんじゃないか」「私（吃音者）の話し方の真似をしていたからどもったのではないか」と祖父母が何度も聞いてきます。祖父母に正しい吃音の情報を伝えるためにはどうすればいいでしょうか？

> 祖父母にも外来へ来てもらい、吃音の正しい理解を促します。

祖父母は吃音に関する間違った知識を学んでしまったのでしょう。吃音のある子

1 幼児期のリスク

どもと長期間接することがあるのは、親・きょうだいの次に祖父母かもしれません。祖父母が吃音の正しい知識をもって、両親に正しい接し方を教えてあげることで、両親は安心します。逆に、祖父母が子どもの吃音を過剰に心配することが、母親の負担になっているならば、祖父母にも病院に来てもらって一緒に話をします。多くの祖父母は吃音がある孫の将来を不安に思っているために、いろいろと口をはさむのです。なぜ祖父母が心配するかと聞くと、親戚に吃音のある人がいる場合があります。孫に吃音があっても、全然気にしない祖父母はたくさんいます。なぜ過度に心配するのか、その背景まで注意深く聞くことが祖父母の不安軽減に有用です。吃音の共通認識をオープンに話すことが大切です。

吃音のある大人を伝えることで、祖父母は少し安心するかもしれません。日本の吃音の有名人といえば、田中角栄氏[14]、フジテレビ「とくダネ！」アナウンサー小倉智昭氏[15]、作家の重松清氏[16]などが挙げられます。特に、小倉氏や重松氏は吃音者の自助団体である言友会の全国大会で講演していただいたり、メッセージを送ってくださいました。また海外の吃音の有名人としては、アカデミー賞映画「英国王のスピーチ」[17]で脚光を浴びたイギリス王ジョージ6世（コラム1参照）、マリリン・モンロー[18]、スキャットマン・ジョンなどがいます。Stuttering Foundation のサイト[19][20]（www.stutteringhp.org）には、有名な吃音者が掲載されています。吃音があっても、

▼[14] 田中角栄（1918〜1993）
第64・65代内閣総理大臣
▼[15] 小倉智昭（1947〜）
フリーアナウンサー
▼[16] 重松清（1963〜）
作家。『青い鳥』『きよしこ』など吃音に関する小説がある
▼[17] 言友会
吃音がある人のセルフヘルプグループ
▼[18] マリリン・モンロー（1

[8] 祖父母の過剰な心配

話す意欲を持ち続け、自分があきれめなければ、どんな職業にも就けると思います。

> **ポイント**
> 吃音の悩みがあるのならば、母親一人で抱え込まず、父親や祖父母も一緒に相談に行くことが吃音の誤解を予防する重要なこととなります。

▼[19] スキャットマン・ジョン（1942～1999）
アメリカのミュージシャン

▼[20] Stuttering Foundation
アメリカの吃音情報団体

コラム1 「英国王のスピーチ」から学ぶこと

　私は吃音診察では、必ず「吃音のある君は悪くない」「君は1人ではないよ」の2つのことを伝えるようにします。吃音は「恥ずかしいこと、隠すべきもの」と思い込んできた親や本人にとって、「昔のイギリスの王様も吃音なんですよ」と説明すると、親御さん、本人の笑顔が少し出てきます。

　2011年のアカデミー賞受賞映画の「英国王のスピーチ」は、吃音者の誤解や悩み、不思議なメカニズムを非常によく記された名作です。成人の吃音者の大半は連発よりは、難発（ブロック）の症状が主であり、過去の誤った治療法（石を口の中に入れる、タバコなど）を試して、改善されないため、落胆しています。主人公の国王ジョージ6世もそうでした。その誤った吃音の知識を正し、国王の吃音の特徴を占い師のようにあてていくのがローグ（言語聴覚士）です。吃音のある人は、自分から吃音の特徴を言えることは少なく、言わなければならないことばは言えないが、どうでもいいことばは言えます。また、「伝えるべきものがある！」という姿勢よりは、どもったか、どもらなかったか（話し方の表面）を気にします。

　そして、吃音の特徴であるマスキング（うるさい音楽で自分の聴覚フィードバックを阻害）すると、流暢に話せる体験を得ることができます。話し方の訓練を必ずすべきと私は思わないのですが、吃音が自分の日常生活までも非常に左右している場合は、言語療法によって「言えない」と思い込んでいることばを言える体験をしてもよいと思います。

　最後に、聞き手が多くなるマイク放送などは、吃音が最も出やすくなりますが、信頼のできる1人に向かって話しかけるような話し方は、吃音頻度を下げることに有効である、ということまで映画で表現されています。その他、いろいろなテクニックが満載されている「英国王のスピーチ」をぜひご覧ください。思春期以降の吃音のある人の相談を受ける良いお手本が表現されています。

2

小学校低学年のリスク

2 小学校低学年のリスク

リスク❶ 吃音のからかい（真似、指摘、笑われる）

[小学校1年生の男の子です。夏休み明けから「学校に行きたくない」と言っています。よく聞くと、吃音の真似をされているそうです。解決方法はありますでしょうか？]

先生と一緒に子どもの吃音の向き合い、からかいの解決を探るべきです。

幼児のリスクの項目でも書きましたが、親が一番しなければならないことは、吃

1 吃音のからかい（真似、指摘、笑われる）

吃音のからかいの対処を先生と相談することです。吃音のある子どもは、新しい環境に入ると3つのことをされます。吃音のからかいは小中学生の約6割が受けます（下図）。真似されているならば、①うれしいか？　②誰に言われたのか？　を聞くべきです。小学校の入学前に親が一番心配することは、「吃音でからかい・いじめを受けないか？」ということです。私の経験上、担任の先生が吃音のある子どもの味方になってくれれば、ほとんどからかいは起きません。逆に、吃音があり、正しい接し方を伝えておかないと、友達だけではなく、先生にまでも誤解をされている児童の話を聞くことがあります。数年間、吃音が持続している子は、小学校以降も吃音が続く可能性が高いです。そのために、その吃音のある子が生きていきやすい環境にするために、「吃音と向き合うこと」「吃音とうまく付き合うことを考えましょう」と私は話をしていきます。吃音のある子にとって必要なのは、吃音の正しい理解であり、私たち大人たちの頑張りでその環境は必ず作れると信じています。

> **ポイント**
> 新しい環境に入る場合、親御さんは必ず先生に吃音のことを伝えておかないと、対応が後手に回ります。

吃音のある7～15歳のからかい・いじめの経験
（Langevin et al.,1998）

- ある（59%）
- なし（41%）

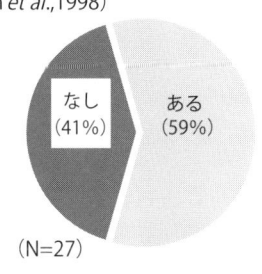

（N=27）

2 小学校低学年のリスク

リスク❷ 「なんでボクは、あ、あ、あ、ってなるの?」

〔2学期に入り、「なんでボクは、あ、あ、あ、ってなるの?」と息子（小学校1年生）に尋ねられ、「吃音に気づいてしまった」と思いショックで何も言えませんでした。どうすればよかったのでしょうか?〕

自分の吃音について質問することは、友達から同じ質問をされたからです。

ほとんどの吃音は幼児期に始まっていますが、本人が気づいて、親に質問するの

②「なんでボクは、あ、あ、あ、ってなるの？」

は、それから数年後のこともあります。「なぜ今頃？」と思うかもしれませんが、質問したのは、友達から同様の質問を受けたからという理由が多いのです。「誰にそう聞かれたの？」と尋ねてもよいと思います。答え方の例としては、「スラスラ話せるときもあるよね。時々、繰り返すのは、"きつおん"って言うんだ。吃音のこと調べてみる？」「話し方のクセだよ。今のままでいいよ」「頭の回転が速いから、口がついてこないだけだよ」など、「今のあなたでもいいんだよ」と子どもを安心させることで十分です。

多くの親や子どもは吃音に罪悪感をもっています。しかし、私の場合は、「お父さんも同じようにどもるよ」と聞いたとき、とても嬉しかったことを記憶しています。親が子どもの吃音を心配する気持ちはわかりますが、「一人ではない」という強い味方の親がいれば安心なのです。

> **ポイント**
>
> 吃音は幼少時から一貫した対応をすべきだと考えています。吃音のからかいを予防し、できるだけ新しい環境で子どもが伸び伸びと話せる、「どもれる環境づくり」ができれば、親の役割が十分果たせたと言えます。

2 小学校低学年のリスク

リスク ❸ 先生への吃音の伝え方

吃音は気にしないようにしていましたが、最近息子（小学校1年生）の吃音がひどくなったので、専門家の先生に診てもらいたくて来ました。息子が友達に「ペンギン」というあだ名を付けられています。理由は、難発性吃音のときに、手足をバタバタさせるからです。先生が「そんな話し方（手足でタイミングを取る）をしていたら、大人になってからもっとひどくなるから、やめなさい」とみんなの前で注意したころから、吃音のからかいはさらに増加しました。

小学校時代は、先生が子どもの味方になることが大切です。

③ 先生への吃音の伝え方

「吃音は気にしないように」ということばの過ちの例です。吃音があるから、ということで私の所に診察に来た子でしたが、親御さんは毎日からかいがあることを知りませんでした。親御さんは「吃音は気にしないようにしていた」と言っていたのですが、本人に聞くと、毎日「ペンギン」と呼ばれ、吃音の真似をされ、笑われることを経験していました。家庭では吃音をオープンにし、本人を変えるのではなく、先生を含め、聞き手を変えることが重要なポイントとなってくるのです。

このような場合は、吃音の正しい知識が先生に伝わっていないことが原因といえます。先生の接し方を子どもは真似します。吃音のからかい・いじめが持続的な子どもの場合、先生による吃音の誤解による影響が多くあります。特に小学校低学年は、先生の意見が絶対となります。先生が吃音を注意すれば、からかっていいんだ、とクラスメイトは必ず勘違いします。先生が吃音を認めてくれれば、からかい・いじめはなくなります。大切なことは、これらのからかいが起こったら、「からかった子の名前」を聞くことです。「子どもたちのことは、子どもたち同士で解決すべき」という考え方は間違いです。吃音のからかいは一方的な状況に陥ることが多く、無力感をもち、無抵抗に言われるがままの放置された状態で大人になってしまうのです。担任の先生が吃音を理解してくれないならば、校長先生、教頭先生、学年主任の先生に話をする方法もあります（『どうして声が出ないの?』58ページ参照）。吃

▼[21]『どうして声が出ないの?―マンガでわかる場面緘黙』金原洋治監修　はやしみこ著　かんもくネット編　学苑社　1500円＋税

2 小学校低学年のリスク

音の勉強をしていない人は、子どもに対して誤った対応をしてしまいます。だからこそ、吃音の正しい知識を大人がもつべきなのです。そして、「子どもを守る」というスタンスが大切です。

> **ポイント**
> 親が口頭で、「うちの子、吃音があります」とだけ伝えても、効果は期待できません。専門家の意見が先生を動かします。巻末のプリントを渡してください。

③ 先生への吃音の伝え方

2 小学校低学年のリスク

リスク ❹ 音読の対応

小学校1年生の男の子です。国語の本読みの宿題をしていたのですが、何度も何度もなかなか最初のことばが出てこず、イライラして国語の本をぐしゃぐしゃに握りつぶし、投げつけました。「少し休憩してから読む?」と聞くと、「絶対イヤ!」と、意地でも国語の本を読み終えたかったようで、つっかえつっかえしながら、長い時間をかけて読み終わりました。読み終わった後、吃音はありますが、国語の本を読んでいたときほどひどくはなく、気性もいつもの状態に戻りました。このようなことがこれから続くのでしょうか?

入学したら、音読の対応を先生と話し合ってみましょう。

4 音読の対応

私の経験でも音読が一番苦手でした。宿題の目標に、「スラスラ読めるようになること」とあり、何回読んでもスラスラと読めず、「どうして読めないのか？」と自分に腹が立ち、泣いたこともありました。

音読対策としては、「手伝う」か「手伝わなくていい」かを聞くことが必要です。家で手伝うならば、2人読み（斉読）を重ね、ある程度慣れたら、文頭を手伝うだけでかまいません。これは、吃音の「適応効果」を意識しての介入です（下図）。子どもにやる気を出させるには、交互読み（、［読点］。［句点］などで交代）も興味を示します。逆に、「絶対自分で言う」と主張しているときは、手伝わない方がよいでしょう。読み終わったときに、「頑張ったね。聞いていたよ」と伝えるだけで十分です。

学校での対応としては、本人に「家でしているような手伝いは必要？」と子どもに聞いて、始めだけ一緒に読んだり、2人読み（斉読）を取り入れたりするのは、本人の不安が強い場合は有効です。ただし、「音読」が得意な吃音のある子どもは少なからずいます。

家で文章を暗記するほど、練習をすることは、「適応効果」の観点からも吃音軽減に有効です。しかし、音読で一度どもっただけで、笑

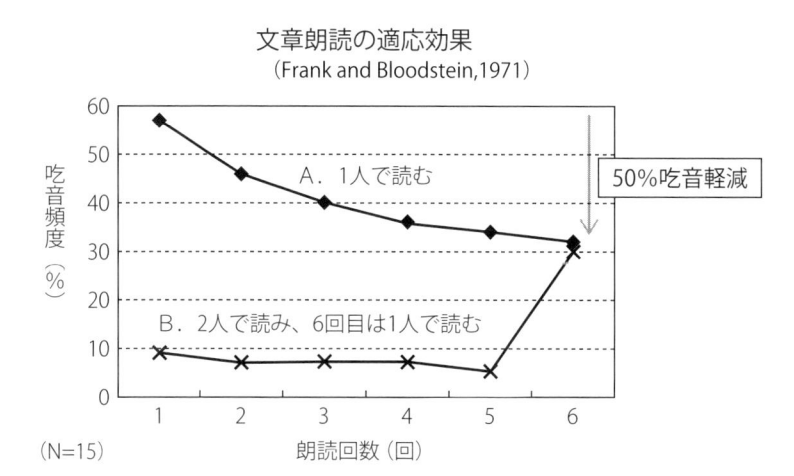

文章朗読の適応効果
（Frank and Bloodstein, 1971）

A．1人で読む
B．2人で読み、6回目は1人で読む

50%吃音軽減

吃音頻度（％）
朗読回数（回）
（N=15）

2 小学校低学年のリスク

われる雰囲気のあるクラスだと、いつまで経っても、吃音のある子は救われません。

同じようなケースに、小学校4年生の女の子がいました。この女の子の音読カードのチェック欄に、「声の大きさ」「気持ちをこめて」の他に「つまらず」という項目がありました。そこで「学校の先生へ」（巻末資料117ページ参照）のプリントを先生に渡すと、翌日には「つまらず」の項目を「句読点に気をつけて」に訂正してくださったようです。音読の対応で、資料がうまく活用された良い例といえるでしょう。伝えないと、わかってくれないのが吃音です。

> **ポイント**
> 「音読が苦手」と本人が言う場合なら、2人読み（斉読）などの配慮に移すべきです。先生と本人と親の3者の同意で支援をすると、間違いが生じることはありません。2人読み（斉読）を常に取り入れている学校もあります。

5 劇の発表

リスク❺ 劇の発表

小学校2年生の男の子です。幼稚園、小学校1年生のときの劇で、なかなか声がでないことがあり、私としては、今度の劇でうまく声が出るか気が気でなりません。どのような配慮をすればよいのでしょうか？

本人に確認しましょう。それが失敗しない支援の秘訣です。

吃音のある子の苦手なことは、本読みだけでなく、劇もあげられます（『エビデンスに基づいた吃音支援入門』63ページ参照）。本人のやりたい気持ちを確認しま

53

2 小学校低学年のリスク

しょう。本人と先生と親の3者で話し合うことが必要です。やりたい気持ちが強い場合は、主役もOKです。苦手意識が強く、劇をしたくない気持ちが強い場合は、吃音の特徴（歌はどもらない、2人で言うとどもらないなど）を利用しましょう。吃音があるからといって特別扱いをされることを好まない子どもは意外と多いです。吃音があっても、人前で話す意欲と力はもっているものです。子どもを信頼することも大切です。

> **ポイント**
>
> 「今度、劇があるみたいだけど、先生にお願いすることある?」など、劇に関する会話をすることが大切です。
> 私の小学校時代は常に劇を避けていました。劇を選択しなくてもよかったので、劇は小学校のとき、一度もしていません。「劇に挑戦してみる」と後押ししてくれる人がいなかったからだと思いますが、劇を経験していてもよかったな、と大人になり思います。

6 苦手な場面

リスク 6 苦手な場面

日直がとても苦手な小学校2年生の女の子です。難発性吃音のため、授業の開始前の「今から2時間目の勉強を始めます」という号令に、とても時間がかかります。同様に授業終了時の号令も苦手です。日直のある日は学校を休みたがります。

> 日直2人で声を合わせれば号令はスラスラ言えます。

日直は2人いますので、2人で声を合わせれば、号令は言えるようになります。「2人で言うのに慣れてしまうと、その後も同じような配慮をしなければならず、子ど

2 小学校低学年のリスク

もが甘えてしまうのではないか」と思う人もいるでしょう。それは誤解です。子どもは成長し、変化します。新しい学年になると授業中の配慮が必要のなくなる子どもでてきます。吃音のある子にとって、つらい経験を積み重ねることは、絶対にマイナスです。今、吃音で辛い経験をしている子どもならば、配慮が必要です。大切なのは、子どもの味方になってくれる大人の存在です。

難発性吃音があるからといって、吃音のある子が全ての号令を恐怖を感じているわけではありません。多くの場合、号令の声が出ないと、周りの子から「早く号令言って」と言われたり、笑われたりすることが号令の苦手となる原因となってしまうのです。吃音支援の原則は、周りの人に吃音を知ってもらうことです。

ポイント

「日直の号令が苦手だから、学校に行きたくない」と、吃音のある子は言えないものです。学校で困る場面は、朗読、発表、劇の発表会、号令、自己紹介などがあげられます（下図）。見た目の吃音に惑わされず、具体的に吃音をオープンに話す環境を作ることが大切です。そして、困っていることの早期発見によって、対応が遅くなることはないでしょう。

学校生活で、教師に配慮・支援を望む事項
（見上・森永, 2006 改）

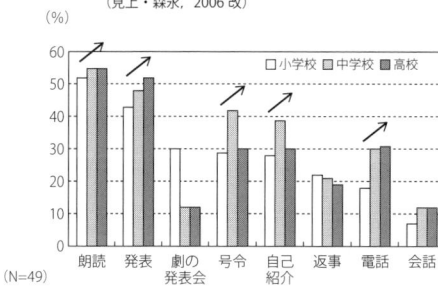

(%) 縦軸：0〜60
N=49
□小学校　□中学校　■高校

項目：朗読、発表、劇の発表会、号令、自己紹介、返事、電話、会話

コラム2 下の子が産まれたころから、吃音が始まった

　来院した母親が、「原因として考えられるのは、下の子が産まれて、上の子を厳しく怒ったことがあったから。ネットにも、下の子が産まれたストレスで吃音を発症する、と書いてあった」と話していました。

　今の時代、吃音の相談に来る親御さんは、ほとんどインターネットを見て相談に来ます。相談の前提として、「インターネットにどんなことが書いてありましたか？」と必ず聞いています。親の吃音の知識の有無で、説明を変えなければならないからです。

　「下の子が産まれ、愛情が足りないから吃音が始まる」という誤った前提知識をまず否定しなければ、いつまで経っても母親の罪悪感が解消されません。私はよく次のように説明します。「この子は、下の子が産まれなくても、吃音が始まっていたと思いますよ。なぜならば、一人っ子政策をしている中国で吃音が減った、という報告がないからです」と伝えています。すると、多くの母親はハッと表情が明るくなり、自分の育児の自信を取り戻せたように感じます。

　もう1つ、下の子が産まれるころというのは、たいてい2歳から4歳です。吃音は2歳から5歳の間の3語文が話せるようになる言語発達の盛んな時期に発症するものです（35ページの図参照）。たいていその時期には下の子を妊娠、出産、育児しているものです。子どもを育てることは、とても大変です。「吃音児の親も悪くない」と味方になってくれる専門家が必要なのです。

2 小学校低学年のリスク

リスク 7 吃音がひどいとき

病院に来るときは、調子がいいのか、あまりどもらないのですが、家で私と話すとき、とてもひどくどもることがある息子（小学校2年生）についての相談です。親として、何か手助けしようと、声がでないときは、「いっせいので」と声掛けして、タイミングをつけて最初のことばを出しやすいようにしています。また、息子が苦手なことばをリストアップして、どう言いやすいようにしてあげようとしますが、どもることばがバラバラで、どういう手助けをしたらいいかわかりません。

> 話す内容を聞いてあげてください。

7 吃音がひどいとき

話し方（表面）にとらわれず、話す内容に注目してあげてください。吃音が増加しているならば、吃音のからかい（真似、指摘、笑われる）ことが起きていないか、本人に確認してみてください。「吃音の調子がいいね、悪いね」という声かけは私の経験上、あまりうれしいとは思いませんでした。思春期以降に「吃音の調子がいいね」と言われると、どもらない＝良いこと、どもること＝悪いこと、と思い、その人の前で、気軽にどもれなくなってしまいます。

うれしかった一言は、「あなたの話は面白い」「それでどうなったの？」「面白い、もっと聞かせて」など、話の内容を褒めてくれたことです。逆効果なのは、「もっとゆっくり」「落ち着いて」「深呼吸して」という話し方のアドバイス、ことばの先取りやもう一度言い直しをさせることです。小学校3・4年生ころから、ことばの言い換えが始まります。思春期に入ると、会話も少なくなり、吃音が目立ちにくくなります。言語発達の観点からも、たくさん話して（どもって）、話す意欲を保ち、話す経験を積むことが大切です。

親ができることとして、3つのことが挙げられます。①吃音の状態を動画（ビデオやスマートフォン）に撮影して、専門家に診てもらう。②「子どもが話したことばを繰り返してあげる（おうむ返し）」。この聞き方は「ココまで伝わったよ」と話し手が安心する。③吃音日記をつけてみる。悪いときのインパクトが強いため、日々

2 小学校低学年のリスク

の状態を主観的に1（吃音が0）〜10（吃音が重度）でつけてみる。吃音は非常に変化が富むものというのがわかるでしょう。親が何かをしたから軽減するというよりも、学校の行事や友達関係で吃音頻度は変化するものです。

> **ポイント**
>
> どうしてもどもっている話し方（表面）に注目してしまい、余計なアドバイスをしがちです。親も子どもの吃音とうまく向き合えると、子どもにとって助けとなります。そのためには、吃音のリスクマネジメントを知ることが一助となるでしょう。

リスク 8 家ではどもるのに、学校ではどもらない

> 息子は3歳から吃音が始まりましたが、3年で消えてしまいました。しかし、8歳になった10月くらいから家でどもり始めました。9月から剣道を始めたのですが、剣道と吃音は何か関係があるのでしょうか？

家庭でどもる子は、外でも同じようにどもっているはずです。

2 小学校低学年のリスク

私の面接のやりとりでは、男の子はお母さんと同じように、「家では繰り返すことがあるけど、学校では繰り返さない」と学校では吃音がないことを強調していました。そこで、『友達になんでそんな話し方するの』と聞かれることはない？」と尋ねると、「うん、聞かれる。たけるくんに、『なんでことばが止まるの？』って聞かれた」と答え、「いつ聞かれたの？」と質問すると、「10月くらい」と返答しました。さらに、「友達に笑われたことある？」と質問すると、「ある。発表のとき。笑われたら嫌な気持ちになる。でも本読みは得意」と答えました。

お母さんに、「学校でもどもっているようですね。家だけでどもるということは、学校で一切しゃべらない限りないと思います。10月ころに九九や学芸会が始まりませんでしたか？」と尋ねると、「九九や学芸会はそのころです。吃音が再び始まったのは、家庭や剣道を始めさせた私のせいだと思っていました」とうつむきながら話をしてくれました。

3歳から3年も吃音があったわけですから、吃音が持続する素地はあります。何かのきっかけで吃音が目立ってきたのかもしれません。吃音の臨床をする場合は、必ず対人関係から話を始めることにしており、吃音のある人、親御さんの話を鵜呑みにしてはいけないと思います。吃音の当事者たちの記憶はあいまいで、長い期間吃音があっても、吃音のことを知らないことがよくあります。だからこそ、吃音の

8 家ではどもるのに、学校ではどもらない

勉強をしたセラピストが必要ですし、勉強すれば、必要とされるセラピストになれると思います。勉強するセラピスト、親御さんを応援します。

> **ポイント**
> 家でどもる子は、学校でも変わらない程度にどもっているはずです。そのため、「学校で適応するための支援」を考えることが必要だと思います。吃音のある子は周りに恵まれることで、よりよい人生を送ることが可能となります。

2 小学校低学年のリスク

リスク ❾ 習い事

サッカーの習い事を始めた8歳の男の子です。学校では吃音のからかいはないようですが、サッカークラブの友達から吃音の真似や指摘をされているようです。

> すべての聞き手に対して、環境調整が大切です。

環境調整は、吃音のある子と接する人に必要です。学校でからかわれていないかといって習い事でもからかわれないと安心はできません。私の診察では学校のことを聞いた上で、必ず「何の習い事しているの」と尋ねます。少林寺を習っている

9 習い事

小学校5年生の男の子が、昇級試験のときに、"型の名前"が言えずに、先生たちに笑われて、試験に落ちた、という話を聞いたことがあります。また、塾で英語を習い始めたけれど、なかなか声が出ないため、先生に怒られてしまい、通うのが苦痛になっている小学校4年生の子もいました。

ポイント

習い事の先生に、吃音のことを理解していただけるように、巻末資料（一7ページ）を渡しましょう。スポーツの習い事は、「若いボランティアの人だから、わかってくれないかも」と伝える前から、諦めている保護者もいます。

しかし、吃音は「伝えなければ、理解してもらえない」のです。せっかく本人がやりたがっているにもかかわらず、「習い事の先生が無理解だから、習い事をやめる」ということは、避けたいところです。吃音の理解を身近なところから普及させていくべきだと思います。

2 小学校低学年のリスク

リスク⓾ 親による話し方の矯正

私自身、吃音で非常につらい経験があり、20代のころに読んだ吃音の本にあった「引き伸ばし法」で吃音をコントロールし、今でも人前では絶対にどもらないよう努力しています。小学校の低学年から、吃音のある娘に「引き伸ばし法」を教えましたが、本人の根気がなく、練習を継続できません。いろいろな吃音矯正所につれていってみますが、娘はやる気になりません。

> 親が吃音のある場合、セラピストは親の吃音体験を聞かなければなりません。

66

10 親による話し方の矯正

「吃音を治そうとまでしなくても、少しでも軽くしたい」と願っている親御さんは多いです。しかし、子どものときは、引き伸ばし法やゆっくり話すことで吃音をコントロールすることは困難だと思います。たとえ、親の前でうまく話せても、学校の発表では緊張・恐怖も相まって吃音をコントロールすることは不可能です。だからこそ、本人を変えるのではなく、周りを変えることが、吃音のある子にとって、楽で安心感のある支援となるのです。子どもの吃音を軽減しようと親が努力すればするほど、本人は、「今の私は親に認められていない。吃音が治れば、親に認められるはず」と思ってしまいます。

吃音のある親であっても、吃音の正しい知識をもっている人は少ないです。だからこそ、専門家が必要なのです。吃音をコントロールできるようになるのは、20歳を過ぎて、環境が落ち着いてからになるでしょう。インターネットでよくみるのは重度の吃音だったけど、今は治った」というプログラムの販売があります。いろいろなテクニックが書いてあり、そのテクニックを実践することによって、軽減することもあるでしょう。しかし、実際は成長するにしたがって、音読をする必要がなくなり、語彙も増加し、タイミングを上手に合わせられるようになったために、軽減できたという考え方もできます。

親が吃音の場合は、その親御さんの体験談を必ず聞きます。「過去で苦労した場

▼[22] 引き伸ばし法
吃音は歌ではどもらない。歌と話す中間で、引き伸ばしながら話すとどもらないことを利用した発声法

2 小学校低学年のリスク

面にもし今遭遇したら」という話をしながら解決法を一緒に考えます。「家庭で吃音がオープンだったか?」と尋ねることは大切でしょう。昔は吃音の話が多くの家庭でタブーでした。「あなたが大人になり結婚できたから、この子もきっと大丈夫。この子が生きやすい環境を作っていきましょうね」と私は伝えています。

> **ポイント**
> 音読などの発表にストレスがある子の場合、本人を変えることは限界があります。基本的には周りを変えることによって、子どもは十分満足を得られます。

コラム3 環境調整の考えと効果

　「環境調整、特に親子の接し方を重点にすべきだ」という小児吃音の考え方は、昔の「診断起因説」から生じているものです。本書でも繰り返し述べていますが、吃音のある子に関わる全ての人に環境調整することが、吃音軽減につながり、吃音のある子が生きやすい環境となるのです。全ての人というのは、親だけではなく、先生やクラスメイト、習い事の友達や祖父母、社会全体の人です。「世の中にどもることのある、吃音の人がいる。その人と話すときは、表面上の話し方に過剰な反応をせず、その言いたい内容（中身）を黙って聞く」ことを徹底してもらえたら、吃音のある人は幸せになると思います。

　吃音はオペラント学習により左右されます（『エビデンスに基づいた吃音支援入門』86ページ参照）。その原理を応用した幼児の吃音直接療法として世界で広まっているのが「リッカムプログラム」です。どもったときに、からかい・いじめがあれば、吃音はさらにひどくなります。逆に、流暢に話せたときに、賞賛があれば、流暢性が増します。「リッカムプログラム」は、親子で吃音に向き合う、吃音軽減には役に立つのかもしれませんが、「吃音を治す」という方法ではありません。

　私の吃音外来で使っているのは、「リッカムプログラム」ではなく、吃音のある子の周りの人にどもっても受け入れてもらう環境調整のお話や手紙です。この方法で、吃音のある子の吃音は軽減していきます。だいたい、吃音がひどくなっても、1、2か月で元の吃音頻度くらいには落ち着くようになってきます。吃音のある子が嫌な経験を積み上げないために、保護者は、子どもが高校3年生になるまでこの環境調整を行なっていかなければなりません。

　オペラント学習

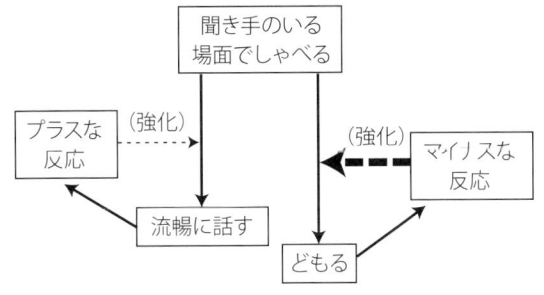

マイナスな反応は、（プラスな反応の）5倍も強化する。

3

思春期のリスク

3 思春期のリスク

リスク❶ 自己紹介

息子が中学校2年生の4月に、各教科での自己紹介を嫌がり、自己紹介のある2日間学校を休みました。今後も同じように、不登校が続かないか心配です。

> 自分で吃音のことを伝えられるとよいです。そして、守ってくれる友達がいれば、もっとよいです。

自己紹介で守ってくれた友達の存在について、『吃音のこと、わかってください』[23]という本に紹介されていたので、転載します。

▼ [23]『吃音のこと、わかってください ―クラスがえ、進学、就職。どもるとき、どうしてきたか』北川敬一著　岩崎書店　1500円＋税

1 自己紹介

> （中略）当日はしゃべるのに時間がかかってしまい、男の子たちは笑うし、さきは悲しくて泣いてしまったら、小学校からの同級生のやんちゃな男の子が、「こいつ、緊張すると、声がとまっちゃうんだよな」と言ってくれたのです。言ってくれた内容もよかったけれど、その子が言ってくれたことがとてもうれしくて、本人いわく「目が水でいっぱいになっちゃった」らしいです。それで最後のひとことまで言い終わり、席に戻ったら、笑った男の子たちが、わざわざ席にきて、「おれたち病気だって知らなかったから、笑ってしまってゴメンね」ってあやまりにきてくれたそうです。
>
> 『吃音のこと、わかってください』（47〜48ページ）

私も小学校の高学年のときに、発表のときに笑われたら、「笑うなよ」と守ってくれたやんちゃな友達がいたことを覚えています。

3 思春期のリスク

ポイント

思春期に入ると、子どもは親に頼るというよりは、友達関係を大切にする時期に入ってきます。中学校は小学校からのクラスメイトもいますが、クラスメイトは吃音に関する正しい接し方を知っていることは稀になります。小学校のときから、吃音でからかわれることが持続している子の場合、当然味方になってくれる友達はいないでしょう。先生、友達に吃音の正しい知識を知ってもらえることが、吃音のある子にとって必要な支援なのです。

自己紹介がなぜ苦手か理解しづらい人には、『志乃ちゃんは自分の名前が言えない』[24]を読むことをお勧めします。吃音者の自己紹介の苦手な場面がリアルに再現されています。

▼[24]『志乃ちゃんは自分の名前が言えない』
押見修造著　太田出版
660円+税

① 自己紹介

3 思春期のリスク

リスク❷ 不登校（新しい環境への適応）

中学校2年生となり、自己紹介だけではなく、本読みで当たる授業（国語、英語、社会）が嫌で不登校となりました。友達と呼べる人はおらず、学校に行くのも苦痛です。小学校のときも、5・6年生のころから、真似されたり、昼休みに呼び出されて、興味本位でしゃべらされ、どもったところで笑われることがたくさんありました。

「あなたは悪くない」と守ってあげます。

このようなケースに出会うたびに、吃音のからかいが少しでも起きないように、

2 不登校（新しい環境への適応）

幼少時から大人が守ってあげなければならないと思います。吃音のからかい（真似、指摘、笑われる）があるたびに、吃音のある子は友人関係を楽しめません。自分を守ってくれる人もおらず、どもるのは自分が悪いからと抵抗できなくなってしまいます。誰にも言わず、自分の中にしまっておいた結果、耐えきれなくなり、不登校となってしまったのでしょう。幼少時から吃音をオープンに話せなかった（タブーにしてきた）結果、親が吃音の問題に初めて気づくのは、不登校および「死にたい」という一言を発したときになってしまいます。吃音のある子は、自分の吃音を語ることばをもっていない子が多いです。自分を語れないと、よくわからない〝吃音〟に向き合うことができません。そして、わからないから、吃音が怖く、排除しようとしてしまうのです。そして「死にたい」ということばにつながります。

小学校高学年から、『ボクは吃音ドクターです。』[25]を読んでみることを勧めています。思春期になると、どれだけ友達に恵まれているかが重要になります。吃音の重症度と友達の有無は関係ありません。友達に恵まれるための環境づくりとして、先生・クラスの友達が、「吃音があってもいいんじゃない」というふうに接してくれることが大切になります。自己紹介は、吃音があってもなくても緊張するものです。真似をされたり、「なんでそんな話し方をするの？」と聞かれたり、笑われたりして嫌な思いがあるのなら、カミングアウトすることを勧めます。自分が周りの環境

▼[25]『ボクは吃音ドクターです。』菊池良和著 毎日新聞社 1600円＋税

3 思春期のリスク

をどれだけ変えられるかが大切です。小学校5年生の男の子は、4月の自己紹介のときに、「僕はどもるけど、バカにしないで」と言えたから、5年生では吃音のからかいがなくなったと話してくれました。中学校2年生の男の子は、「僕はたまにつっかえるけど、気にしないで」と言えて、本人の気持ちが楽になったと言っていました。

吃音のからかい・いじめがなぜ起きるのか、吃音のことを勉強した女子生徒が、自分の体験を書いてくれました。非常に参考になる文章です。吃音のからかいを放置すると、集団心理として、吃音のある子が、いじめられ続けるものです。大人の責任として、吃音のからかいを予防し続けなければならないのです。

18歳　非吃音者の本音

私は今まで吃音を知りませんでした。私の友達にも吃音の子がいました。しかし、そのときは吃音を知らなかったので、話すときに緊張しているのか、それともわざとしているのかと思っていました。私はその友達に「ふざけないでちゃんと話して」と言ってしまいました。

今は本当に悪いことをしてしまったなと思っています。その子は他の子からも私が言ったようなことを言われていたし、笑われて真似されていました。ふ

② 不登校（新しい環境への適応）

ざけてやっているわけではないので、本当に辛かっただろうなと思い、いつかその子に会って謝れたらいいなと思いました。

> **ポイント**
>
> 不登校になる主な要因は3つあります。①友達の無理解（吃音のからかいの嫌な記憶の積み重ね）、②先生の無理解（どもることで注意されたり、怠慢だと勘違いされる）、③本読みなど人前での発表の恐怖。
> 幼少時から嫌な経験を積み重ねることなく、味方となる友達がいる、またはそのような友達を作れることが、不登校の予防となるでしょう。

リスク❸ 先生の無理解

本読みが死ぬほど怖い高校1年生の女子です。病院の予約後、事前に菊池先生に電話で相談しました。勧められた『ボクは吃音ドクターです。』を読み、友達にLINE（ライン）[26]で「先生に当てられて、声が出なくなったら、私が吃音であることを思い出してほしい」とカミングアウトしました。数日後、私が授業で声が出なかったとき、次の休み時間に声をかけてくれて、心配してくれる友達がいました。カミングアウトをして、とても気持ちが楽になりましたが、今でも発表の当たる日は、「死ぬほど怖く、吐きそうになる」という恐怖感は消えません。

> 先生に、困っている内容を伝える手紙を書きます。

▼[26] LINE（ライン）
無料で通話やメールができるコミュニケーションアプリ

3 先生の無理解

音読や発表が不安を通り越して恐怖となり、不登校になりかけたり、不登校に陥ったりする子の場合には、個別に具体的な悩みと配慮を書いた手紙を書きます。この子の場合は、LINEでクラスの友達にカミングアウトすると、友達は発表で困っていることを理解してくれて、クラスメイトの理解は得られました。しかし、先生はこれほど吃音で悩んでいることを気づいていませんでした。

幼少時の吃音のある子の悩みは、発表のときに他人から直接笑われることです。

しかし、思春期の吃音のある子の特徴としては、他人に笑われなくても、自分がどもることで「失敗した」と反省と後悔を繰り返すことです。その「失敗した」という思いは、急には0にはできないので、まずは、恐怖と思っている授業（先生）に対して、吃音の理解と対応に関するお願いをすることがあります。実際にこの女の子の先生へ向けた手紙を紹介します。

先生への意見書

一見、どもっていないようにみえる○○さんですが、苦手なことばの場面では声がでなくなる「難発性吃音」があります。先生が誤解されている○○さんへの声かけとして、「はっきり言いなさい」「何を言っているのかわからない」があげられます。発表が苦手な教科は、古典、数Ⅰ、現代国語、コミュニケー

3 思春期のリスク

ション英語、英語表現、化学などです。本読み、発表がある日には、「死ぬほど怖い、吐きそうになる」という訴えもあります。その気持ちをそれらの教科担任の先生にもご理解いただけたら幸いです。これからの対処としては、皆が当てられる発表のときは、当てられて構いません。逆に飛ばされることは不自然になります。声が出ないときは、「難発性吃音」という状態になっていることをご理解して、「落ち着いて」「ゆっくり」などという声かけは不要です。本人に聞くと、「15秒も声が出ないときは、座らせてほしい」と言っていましたので、そのご配慮をお願いします。常日頃、生徒のご指導大変だとは存じますが、何卒ご理解いただきますようお願い申し上げます。

> **ポイント**
> セラピストが一番力になれる支援は、本人の声の代弁者になることです。

4 病院に行きたい

リスク ❹ 病院に行きたい

小学校5年生の男の子です。新学期になっても、吃音の真似をする人がクラスに5、6人はいます。吃音が出ない工夫としては、「んー」って言って話し出すとスラスラ言えることがありますが、うまくいかないときもあります。学校では、自分で進んで手を挙げ、発表はできます。詰まってことばが出ないのは、10秒くらいです。一度、吃音の専門の先生に話したいので、病院を受診しました。

その子の吃音と一緒に向き合います。

3 思春期のリスク

吃音で受診をするときは、「主訴」がはっきりしない場合がよくあります。それは、自分の吃音について、語ることばをもっていないからです。小学校以降の相談に来るすべての人に、『「吃音って何?」を友達に説明するように、私に話して』とお願いしています。「どもること」「最初のことばが出ないこと」以外には、親であっても適切に説明できないものです。未知のものは、怖く、排除したい気持ちになります。この男の子の場合は、すでに「んー」と前置きをつけるとうまく話せる吃音の工夫をしており、最も吃音が目立ちにくい方法を会得しています。そこで、「もう何年間も吃音があるから、『吃音と向き合う』こともしてみようか」と提案してみます。

吃音の真似をされたり、「なんでそんな話し方するの?」と聞かれたりする経験が多いため、まずは吃音の説明の仕方を話し合いました。「吃音は最初のタイミングが合わないだけ。自分のタイミングでは合わないけど、2人で同じ文章を読むとうまくいくよ」と説明した後、満足して帰宅しました。別に話し方の訓練はせずに、吃音の話を一緒にするだけで、吃音のある人は満足するのです。吃音のある人と、吃音の話をするためには、代表的な吃音の体験談を知っていた方が、話の幅が広がります。手前味噌ですが、小学生高学年以上の相談に来た子に『ボクは吃音ドクターです。』を読むように勧めることが有効であると思います。夏の読書感想文として

4 病院に行きたい

書いた小学校6年生の男の子の文章が、市のコンクールに受賞したこともありました。効果として、「ぼくは悪くない」「ぼくは1人ではない」という感想をもってくれる効果があると思います。

ポイント

自分の吃音に対して疑問を抱き、親に相談し、「病院に行きたい」と希望することは、悪いことではありません。逆に、親が子どもの吃音を無理解、誤解していて、吃音の話をタブーにしたりすると、子どものSOSに気づくのが遅くなり、不登校や「死にたい」と言って、追い詰められた姿になってしまうのです。

3 思春期のリスク

リスク❺ 部活を始める

中学校1年生の女の子です。バスケット部に入部して、他の部員に練習中に声かけしようと思っても、声が出ず、「声を出しなさいよ」と部員だけでなく、先生にも責められました。そのため、数か月で部活を辞めてしまいました。

> 逃げ癖を減らしていくロールプレイを行ないます。

組織(学校、部活、会社など)を辞めてから、吃音の相談に来たのでは対応が難しくなります。この女の子は最終的に部活を辞めてしまったのですが、日常生活で、どもるのが怖くて嫌だから回避する癖がありました。そして小学校3・4年生ころ

86

5 部活を始める

から、巧みに苦手なことばを言い換えることを常習化しています。言い換えることが、日常生活を左右していると、とても窮屈な思いをしています。そのため、「吃音が治れば、私の人生は何でもできるのに」と夢を見てしまうのです。

吃音が生活を左右していないかどうかの判断は、「自分の食べたいものを注文できている?」と聞くことでだいたいわかります。この子の場合は、お店のメニューを見て、自分の食べたいものが注文できず、自分が言えるメニューを注文していました。どもるくらいならば、自分の食べたいメニューを我慢するのが当たり前になっていました。吃音に人生を左右されず、自分の欲求（本能）に基づいて、少しずつ行動範囲を広げていくことが有効だと思います。

ポイント

組織を辞める前に、誰かに相談に乗ることだけでも、辞めるという最終手段の選択を止めることができる可能性はあります。学校の問題であれば、吃音のことを先生に伝えることで、先生の態度は十分に変わるでしょう。そもそも伝えなければ、吃音はわかってもらえません。吃音の問題を一人で抱えてはいけません。巻末のプリントを先生と一緒に見ながら理解してもらいましょう。

3 思春期のリスク

リスク❻ 親が吃音改善の通信販売を勧める

中学校2年生になり、国語の音読が苦痛になってきました。新しい単元に入ると、1人1行ずつ読むので、何回もあたります。新しい単元に入るのが恐怖です。親に相談すると、通信販売で遅延聴覚フィードバック機器を買ってくれました。イヤホンから戻ってくる自分の声を聴きながら話すとどもらない、という説明ですが、1人で本を読むときは、もともとあまりどもりません。その機械を学校に持っていって、イヤホンをしながら話すことは絶対に嫌です。高額なものだけど、学校では使っていないです。

コンプレックス商法にはまらないように！

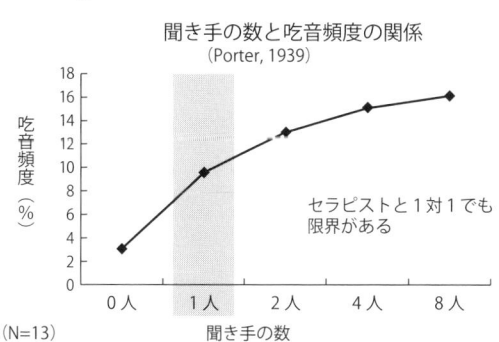

6 親が吃音改善の通信販売を勧める

この方法でダイエットに成功した、という商品はちまたにあふれています。それらは総称して「コンプレックス商法」と言われています。吃音をこの方法で改善できる、という通信販売がたくさんありますが、私がお勧めする教材はないですし、吃音を改善するエビデンスの確立された方法はありません。そして、「吃音改善」という魅力的なことばに魅せられて、全国各地の民間療法を試したり、通信販売を購入したりして、何百万円という大金をつぎ込んだ家族に会ったこともあります。親が吃音を改善したい、と願うほど、子どもは吃音を治したい、という呪縛から逃れません。「今のままでいいんだよ、変わるのは聞き手だよ」のことばを伝えることで、何人もの吃音のある人が救われるのです。

> **ポイント**
> 通信販売の問題点として、吃音の問題は一人で部屋にこもって解決できるものではありません。一人言では一番吃音が軽減し、聞き手が増えれば増えるほど、吃音頻度は増加するものです（下図）。だからこそ、日常生活で話す経験を積むことが大切です。

聞き手の数と吃音頻度の関係
(Porter, 1939)

セラピストと1対1でも限界がある

(N=13)

コラム4 中学・高校にはことばの教室がほとんどない

　日本には多くの小学校にことばの教室が存在します。歴史的には、言語聴覚士が国家資格となるはるか前から小学校にことばの教室がおかれ、吃音の子が通級するシステムを作りあげてきました。小学校におかれていることばの教室は、中学校にはほどんどありません。そのため、吃音のある子は1年1年、ことばの教室を継続すべきか、担当の先生と相談すべきでしょう。「ことばの教室を卒業するために、通級している」と考えることが大切だと思います。卒業するために必要なことは、「リスクマネジメント」に取り組むことで、将来の不安は軽減できると思います。

　逆に、ことばの教室に通うリスクもあります、ことばの教室に通うことを毎年クラスの子に伝えないと、周りの子から「なんで授業抜けるの？」と聞かれ、対応に戸惑うこともあるでしょう。保護者が「クラスの子にことばの教室に行くことを説明してほしくない」と希望したために、授業を抜ける際に毎回友達から指摘され、からかい・いじめにつながっていく悲しい事実も聞いています。担任の先生がクラスメイトに説明していれば、防ぐことができたでしょう。

　大人が吃音について説明すれば、必ず子どもたちは理解し、受け入れてくれるものです。「子どもの吃音のからかい・いじめを防ぐことは、大人の責任」と、常に私はさまざまな人たちに伝えています。「吃音のある子は絶対悪くない」という子どもの味方となる専門家が必要なのです。そのため、中学・高校時代、吃音のある子の相談となれるセラピストが必要なのです。

小学校のことばの教室に通級する利点とリスク

利点	リスク
・子どもと吃音の話をするきっかけ作り ・吃音の勉強ができる ・吃音のグループ学習をしている所もある（1人ではないと思える） ・担任の先生に、吃音があることをわかってもらいやすい ・無料で通級できる	・毎週、授業中を抜けだして、通級しないといけない。友達に「なんで授業サボるの？」と聞かれる ・同じ先生が来年も担当してくれるとは限らない（異動のため） ・定員がある（半年前から予約する自治体もある）

4

大学生〜社会人のリスク

4 大学生〜社会人のリスク

リスク❶ 自分の食べたいものの注文

31歳（女）です。吃音を1人で悩むことに限界を感じて、来院しました。いつも自分の食べたいものよりも、言いやすいメニューを注文してしまいます。夏に「アイスコーヒー」を注文したかったのですが、「ア」が言えずに、焦っていたら、「ホットコーヒー」をつい頼んでしまい、自己嫌悪に陥ります。

> 吃音に生活を左右される自動思考に、気づいてあげます。

思春期以降の吃音のある人は、非常に巧妙に吃音を隠し、診察室ではスラスラしゃべります。問診のポイントでは、「苦手なことばを言い換えていますか？（第3層）」

1 自分の食べたいものの注文

と、「話す必要のある店(美容室や洋服屋など)には行かないですか?(第4層)」です(下図)。一見どもっていませんが日常生活が吃音によって左右されると、生活の質が非常に低下してしまいます。

「メンタルリハーサル法」を開発した都筑澄夫先生や、吃音臨床の大家であるチャールズ・バンライパーは、効果的な介入法について同じことを述べています。「吃音に左右されず、言いたいことばを言い、したいことをする」ということです。

「吃音って何か?」と問われると、表面からわかる連発・伸発・難発であると答えがちです。しかし「吃音を隠す工夫(ことばの言い換えや、場面の回避など)」「どもって失敗したと落ち込むこと」「どもるかどもらないか話す前に不安になる」といった見えない心

吃音の表面は変化していく
(吃音検査法小委員会, 1981改)

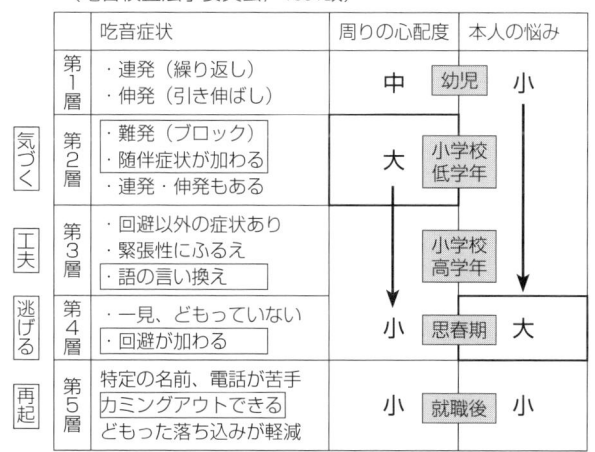

		吃音症状	周りの心配度	本人の悩み
	第1層	・連発(繰り返し) ・伸発(引き伸ばし)	中 幼児	小
気づく	第2層	・難発(ブロック) ・随伴症状が加わる ・連発・伸発もある	大 小学校低学年	
工夫	第3層	・回避以外の症状あり ・緊張性にふるえ ・語の言い換え	小学校高学年	
逃げる	第4層	・一見、どもっていない ・回避が加わる	小 思春期	大
再起	第5層	特定の名前、電話が苦手 カミングアウトできる どもった落ち込みが軽減	小 就職後	小

▼[27] 都筑澄夫(1948〜)目白大学保健医療学部言語聴覚学科教授。著書に『改訂吃音(言語聴覚療法シリーズ)』(建帛社)、『吃音は治せる—有効率74%のメンタルトレーニング』(マキノ出版)がある

▼[28] チャールズ・バンライパー(1905〜1994) アメリカの偉大な吃音臨床家。

4 大学生〜社会人のリスク

理も吃音の一部といえるのです。だからこそ、「吃音を治したい」と切望する吃音のある人に、「あなたの吃音は治りません」と私は言いません。「吃音を隠す工夫も吃音なのだから、自分を変えたいのならば、ことばの言い換える癖からやめて、自分のことばでしゃべりましょう（発話意欲）。そして、自分の行きたい場所に行き（行動欲）、食べたいものを食べましょう（食欲）」と説明します。吃音に人生を左右されず、自分のしたいことができているのならば、「吃音を治したい」という気持ちから、「吃音があってもいいか。吃音とうまく付き合っていこうか」と考え方を変える人もいます。

> **ポイント**
>
> 幼少時から、周囲の大人たちは表面の吃音に左右されず、話の内容、話したい意欲を尊重してあげることが、長い目で見たときのキーポイントとなるかかわり方となります。吃音のある人の40％は、対人恐怖症を発症するといわれています。対人恐怖症は、不登校、ひきこもり、うつ病を引き起こします。対人恐怖症の予防には、私は幼いころから周りの人が話す意欲を育てる関わりをすることが、最大の予防だと信じています。

1 自分の食べたいものの注文

4 大学生〜社会人のリスク

リスク❷ 人前での発表

27歳の大学院生（男）です。教授の前で行なう週に1回のプレゼンテーションでどもりすぎてしまいます。話すことに自信があまりないです。先輩の発表を真似て、文字をあまり書かずに、図や表のみのスライドを作成しました。

> パワーポイントを使ったプレゼンテーションの利点を最大限に引き出します。

最近ではパソコンのパワーポイントを使用した発表が多くなっています。発表のときのコツは2つあります。1つ目は「私はどもりますが、気にしないでください」

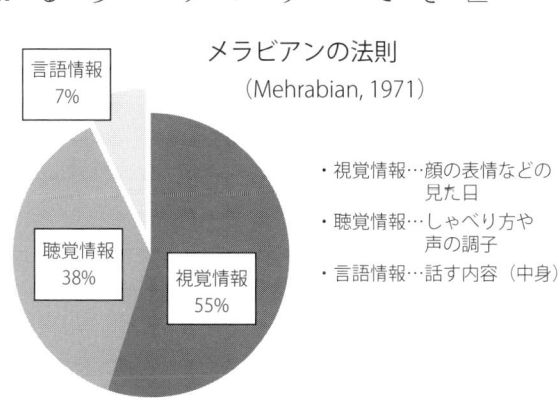

② 人前での発表

と聞き手に伝えることです。「どもりたくない」と思っているほど効果があります。カミングアウトすることは、実は本人の中にある高い壁（プライド）を外すことになります。相手のためにというよりは、吃音を気にしている自分のために、カミングアウトすることを勧めます。

2つ目は「言いにくいことばはスライドに書く」ことです。「どもってもいい」と思っていても、発表には時間制限がありますので、時間内で発表したいときに有効となります。また、プレゼンテーション枚数が多いと時間オーバーしてしまいますので、1スライド＝1分程度の感覚で準備をするとよいでしょう。スライド枚数が多すぎて早口になると、相手が内容を理解できにくくなり、うまく伝わりません。コミュニケーションとは、視覚情報からの入力が最も多いのです（下図）。話の内容（言語情報）やどもること（聴覚情報）よりもスライドに書いてある視覚情報が最も大きな部分を占めます。

吃音のある人は得てして、自分の口から伝えることに固執している場合もありますが、吃音のある人の力を最大限に引き出すために、視覚情報を利用することが吃音のある人の発想の転換にもなります。映画のチケット売り場やJRのみどりの窓口での切符の購入などは、紙に書いた方が有効な場合もあります。

人前での発表は、吃音がある人は不利です。原則は本番を意識した反復練習（応

メラビアンの法則
（Mehrabian, 1971）

言語情報 7%
聴覚情報 38%
視覚情報 55%

・視覚情報…顔の表情などの見た目
・聴覚情報…しゃべり方や声の調子
・言語情報…話す内容（中身）

4 大学生〜社会人のリスク

効果）です。何よりも誰かに聞いてもらうのが有効です。大切なスピーチ（結婚式など）のときは、格好つけず書いた文章を見ながら発表しましょう。最初に「私はどもりますが、よろしくお願いします」と伝えておくと聞き手も聞きやすいでしょう。

> **ポイント**
> 視覚的手がかりが使えるならば、活用しましょう。反復練習することで吃音は軽減します。前準備が大切です。

3 就職活動の乗り越え方

リスク❸ 就職活動の乗り越え方

大学4年生の学生（男）です。地方大学の経済学部で、大学生時代、何も資格を取得していません。面接で失敗し、5社ほど落ちて、就職活動に困難を感じています。

> 落ちても、折れない心、また頑張ろうという意欲が大切です。

就職活動の成功は、医療の介入だけでは無理といえます。現在、就職活動をしている学生に聞くと、30社受けて1社受かるかどうかという状況のようです。専門性

4 大学生〜社会人のリスク

のある学部の大学や専門学校を卒業したほうが、就職口があるかもしれません。また高校生の場合は、じっくり、自分の将来を考えて、大学を選ぶことが大切です。

とは言っても、現実問題として、就職活動後半になり、面接がうまくいかず、その原因が吃音のためだと考え、病院に駆け込んで来る人は多いです。

そのような状況では、まず面接対策をしっかりすることが大切です。想定質問に答える練習は必ず行ない、「学生時代、何をしていたか？」「希望する企業の企業理念や歴史、そして力を入れている商品の情報」「この会社に入って何をしたいのか？」「自分の長所や短所」を、友達や家族の前で練習することを勧めています。

そして、多くの人は面接の際に、吃音のことを説明していません。「どもらないように頑張りながら話した結果、言いたいことが半分も言えなかった」と嘆く吃音のある人は多いです。だから私は、今まで吃音を隠しながら行なった面接でうまくいかなかったのだから、吃音のことをカミングアウトして、隠す努力をせず、どもっても言いたいことに集中することを勧めています。例えば、名前を言った後、「私はときどきどもることはありますが、頑張りたいと思いますので、よろしくお願いします」と言うなど、自分の言いやすいように、伝えることが大事です。

企業側の反応は2つに分かれます。もう1つは、「どもるくらい気にしないよ」と、初めから吃音を受容できない企業。

③ 就職活動の乗り越え方

ら吃音のことを受け入れてくれる企業です。実際、会社に就職したら、吃音のことを伝えないと、電話対応で困ることがあります。それならば、吃音に寛容な会社がよいとは思います。

> **ポイント**
> 高校生のころから将来の就職について考えておきましょう。必ずしも大学入学が就職を保障するものではありません。吃音についてカミングアウトをしていなければ、吃音をカミングアウトする方法もあることを知っておいてください。

4 大学生〜社会人のリスク

リスク ④ 電話の問題

> 最近は電話が鳴る度に心臓が口から出そうなほど緊張してしまいます。思い切って、あえて電話に出ないと、課長に呼び出され、「新人なんだから電話に出ろ！」と課の皆の前で叱責を受けます。もう、毎日が苦しくて、今の仕事をすぐにでも辞めたいのですが、まだ1年も経たないのですぐには辞められません。

会社の上司に吃音のことを伝える意見書を書きます。

社会人になって1年以内は、吃音のない人でもストレスを多く感じます。吃音の

102

4 電話の問題

ある人は電話や決まりきったセリフを言わないといけないことで困っている場合があります。新人の方には、「3年頑張れば、かなり楽になります」と励ますことから、介入を始めます。

吃音のある成人の中で、一番困っていることは電話です。ただ、「電話を取ることが苦手」なのか、「電話をかけることが苦手」なのか、「両方苦手」なのかを必ず聞く必要があります。「電話をかけることが苦手」な人には、次のようにアドバイスをします。電話をかけて来た人は、どこに電話をかけてきたか、わかっているはずです。そのため、電話をとる場合は、一字一句間違えないようにしなければ、と肩肘張らなくてもいいんだよ、と伝えます。言いやすいことばをアレンジして、「こんにちは」「ありがとうございます」などの枕詞を付けることは否定していません。逆に、就職したばかりで、マニュアル通りに言わないといけない、という会社の場合は、専門家としての診断書が必要となってきます。この方に書いた診断書です。

病名　吃音症

本日当院を受診し、吃音症の診断を致しました。吃音症は電話などのとっさの一言で、急に声が出なくなるときがあります。そのため、吃音の調子が悪いときは、電話にでられなくても、そのことを責めないようにお願い致します。

---

4 大学生〜社会人のリスク

多くの人前のスピーチも、温かい目で見守っていただけたら、十分です。その他の業務はこれまで通り続けていただいて構いません。よろしくお願いいたします。

「電話をかけることが苦手」な場合には、段階を踏むようにしています。電話をかけるのが苦手な人の多くは、対面での会話でも苦手なことばを言い換えるようにしています。苦手なことばを回避して別のことばに置き換えることが日常茶飯事になっていると、置き換えられない自分の名前などを言う場面では、声がちょっとでも出ないと、焦って喉に力が入り悪循環となります。自主練習で促していることは、病院や家庭、日常生活で言い換えをやめて、話そうと思ったことばは言い換えずに話すことです。

その際、「喉の力を抜く」ということは難しいので、苦手なことばは最初の2、3文字を引き伸ばし気味にすると効果があります。「きくちです」と言うところを、「きーーくちです」と言うことです。特に「どもったときに、頭が真っ白になる」という大人にはお勧めします。ただし、この最初のことばの引き伸ばしは、上手くいく頻度は上昇しますが、絶対どもらない、ということを保証する方法ではありません。

104

4 電話の問題

どもる・どもらない、という問題よりは、電話をかける、という経験を積むことが大切で、回数を積めば、電話も苦手意識が少なくなります。そこまでの段階ができている人ならば、仕事上での電話もこなせるようになっている可能性が高いです。成人の吃音者の最後の難関が電話や放送です。誰かに手伝ってもらうことで電話や放送が上手くできるのならば、手伝ってもらうことは必要だと思います。

> **ポイント**
>
> 吃音症でも病院の意見書・診断書を書いてもよいのです。言語聴覚士がことばの専門家として、会社・学校への手紙を書くことは有効だと思います。吃音は伝えなければ、わかってくれません。社訓が読めなくて、「病院から診断書をもらってきなさい」と言われた人もいました。吃音のある人を変えることには限界があり、変えられるのは聞き手です。一貫性のある態度が、吃音のある人の一番の心の支えとなります。

4 大学生〜社会人のリスク

リスク ❺ 吃音を軽減したい

大学1年生（男）です。自分の吃音は治らないとは思いますが、今の段階より少しでも軽減することは可能でしょうか？ 1人で発声練習をしていますが、本番ではどもりすぎて困ります。普段の会話では大丈夫なのですが、自己紹介や人前での発表が不安です。

人前で話すことを積み重ねてください。

1人で部屋にこもって発声練習を続けるよりは、実際の友達や多くの人前で話す経験を積んで、自信をつけることが吃音の軽減に有用です。聞き手が増えるほど、

5 吃音を軽減したい

吃音頻度が増えていくのです（89ページ参照）。私も大学生のころは自己紹介が非常に苦手でした。大学3年生から言友会（吃音者のセルフヘルプグループ）に参加し、自己紹介とスピーチをする経験を毎回積み、自己紹介の苦手感がほとんどなくなりました。吃音のある人は適応効果というものがあり、同じことばを同じ状況で何回も繰り返し話しているうちに吃音は軽減します。言語聴覚士と1対1での訓練には限界がありますし、それ以上のステップとして、多くの人前で話すことを勧めています。

その時に私は、「どもって落ち込むこと」をやめましょう、とまず伝えています。多くの吃音のある人が悩んでいるのは、どもっているその状況ではなく、話す前の予期不安と、どもった後の落ち込みです。その予期不安と落ち込むことがなくなれば、吃音の悩みは随分軽減します。

「吃音を隠そう」と心掛けていた人が、人前でどんどん話し始めると、表面的に吃音頻度が増加することがあります。「吃音がひどくなった」と思うかもしれませんが、それは一時的なことです。つまり、「吃音を隠そう」という無意識の抑制が外れ、本来ある吃音の姿が出て来たのだと思います。「吃音を隠そう」とする行為をできるだけやめて、自分の思ったように話すことが、話す意欲を増大させます。多くの悩んでいる吃音のある人にとって、自分の話すことばは言いやすいことば

4 大学生〜社会人のリスク

かりを選択して、誤解をされることがあります。誤解をされず、自分の言いたいことばで話すことは本意であることが多いです。

この表面的に吃音が増加するときに準備しておかないといけないことは、カミングアウトの準備です。「自分はどもることがあります」と伝えておくと、落ち込みは随分減ります。逆にカミングアウトの準備をせずに、人前で話す訓練をして、表面上どもりはじめてしまったら「この方法は失敗だった」となってしまうでしょう。

> **ポイント**
> 吃音軽減に必要なことは、人前でたくさん話す経験と、吃音頻度が増加したときに落ち込まないためのカミングアウトです。

「どもること＝悪い」が引き起こす悪循環

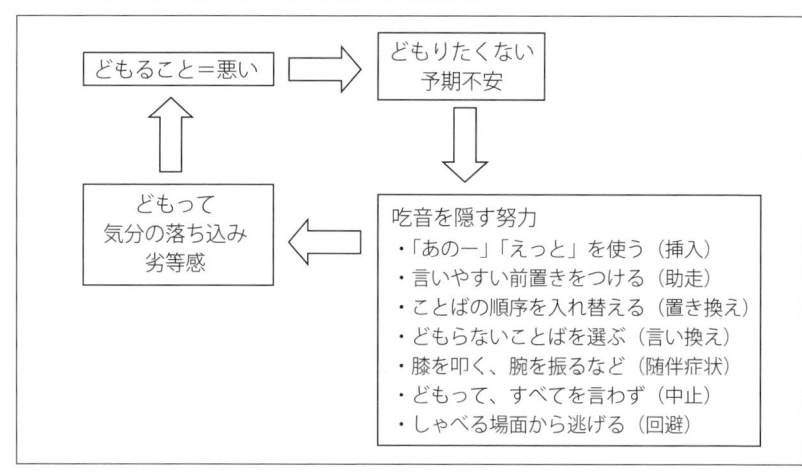

```
どもること＝悪い  ⇒  どもりたくない
                    予期不安
     ↑                  ↓
どもって          吃音を隠す努力
気分の落ち込み  ←  ・「あのー」「えっと」を使う（挿入）
劣等感            ・言いやすい前置きをつける（助走）
                  ・ことばの順序を入れ替える（置き換え）
                  ・どもらないことばを選ぶ（言い換え）
                  ・膝を叩く、腕を振るなど（随伴症状）
                  ・どもって、すべてを言わず（中止）
                  ・しゃべる場面から逃げる（回避）
```

コラム5　思春期以降の吃音のある人の話に共感するコツ

　私は幼児から70代までのさまざまな吃音相談を受けています。その内訳は25％が幼児、25％が学童、約50％が思春期以降です。思春期以降の吃音の割合の多さから、思春期以降の吃音の相談に乗れないことは、吃音臨床の半分もできていないとも言えるかもしれません。

　私のように吃音当事者でなければ、吃音の相談に乗れないことはありません。吃音のある人の困る場面をどれだけ知っているか、が信頼されるポイントとなります。逆に、吃音の人にこれを言ってしまうと、「この人、わかっていない！」と信頼を失う禁忌発言もありますので参考にしてください。

　吃音臨床の基礎は、思春期以降の吃音の相談を通して学ぶべきです。

思春期以降の吃音の悩み（重度：日々の生活が吃音に支配されている）
・自分の食べたいメニューを注文できない
・言いたいことばより、言いやすいことばを選んでいる（言い換えの頻用）
・散髪屋、美容室に行くのが怖い（「今日はどのような髪形にしますか？」というような店員との会話）
・新しい人と会う場には、行かない（対人恐怖）
・どもったら、落ち込む。失敗したなぁと思う（1日中 or 数分）
・話す前の不安が強い
・人前で話すときに、動悸がして、冷や汗をかく

思春期以降の吃音の悩み（中等度：特殊な場面で困る）
・人生の選択肢が、吃音により左右されている（面接、進路、就職など）
・人前でのスピーチが怖い（結婚式の祝辞、発表）
・後ろ向きの人（離れている）を、名前で呼んで振り向かせる

言ってはいけない禁忌発言
・「落ち着いて、ゆっくり言えば声は出るよ」
・「今日はどもらないね」（話す内容よりは、話し方の表面で判断される、と思う）
・「あなたの吃音は軽いから、大丈夫」

コラム6 「英検」の面接に「吃音症」の配慮が追加

　みなさんは、中学高校時代に学校から「『英検(日本英語検定協会)』を受けませんか?」と誘われたことがないでしょうか。英検は1級から5級まであるのですが、3級からは筆記試験だけでなく、2次試験に「口頭での面接試験」が加わります。私は中学高校生のとき、友達が2級、3級と合格する中、口頭面接試験を受けずに済む4級しかもっていませんでした。

　私を含め、思春期の多くの吃音者は、「面接」ということばに過剰反応し、「口頭面接試験で、どもってうまく話せなかったら、合格できっこない」と面接試験のある3級以上の英検に尻込みしていることでしょう。「教えられたようにすれば、どもらず話せるけど、練習が足りずマスターできないから、どもってしまう。もっとマスターできるようになってから、英検を受けよう」と受験を先延ばしする吃音者は多いのです。そのような吃音者に、「もっと頑張れ」と言えるでしょうか。私は「もう頑張らなくていいよ。今のままで受けましょう。どもることで、減点されないよ」と伝えることにしています。

　その理由として、2014年の「英検」から、「障がい者特別措置(養護関係②病弱・その他)」として、事前申請書に「吃音症」という項目が作成され、「声がつまるなどの状況を面接委員に伝え、注意して聞くように配慮します」という対応が加わったからです。吃音の問題が、「個人の努力」だけではなく「公に認められた適切な配慮」が必要であると認識された大きな一歩となったのです。

　このような対応は、実は2013年に英検を受けた1人の吃音者の行動によるものでした。英検1級の面接試験がどもるために、なかなか受からず、弁護士と医師の働きかけにより、特別配慮され、無事英検1級をどもりながらも、合格できたそうです。

资料

3歳児健診用

「ことばを繰り返す」ことに気づいた親御さんへ

　吃音（きつおん：どもり）は2〜4歳の間に、人口の5％（20に1人）に発症します。3歳児健診のときは、約3％（約30に1人）の割合で存在します。ことばの繰り返し（連発性吃音）、引き伸ばし（伸発性吃音）、始めの一音がなかなかでない（難発性吃音）の3種類があります。なめらかに話すことができない疾患と言われています。難発性吃音は3歳児健診のときは少なく、時間がたつうちに生じていくものです。

　下図は正常範囲と吃音の特徴を示しています。明確に吃音とわかるのは、語頭の一語を繰り返したり、引き伸ばしたり、始めの一音がなかなかでないときです。

	正常範囲	吃音
特徴	1歳半〜6歳	2歳以降
	あの、えーと、などを使う（挿入） ボ、でんしゃに乗りたい（言い直し） ボール、ボールで遊ぼう（語の繰り返し） が多い。	ボ、ボ、ボ、ボール （語頭の一語を繰り返す） おーーーかあさん（引き伸ばし）が多い。 始めの一音がなかなか出ないこともある

しないでほしいこと

・話し方のアドバイスをする（ゆっくりと話して、落ち着いて、深呼吸して、など）
→早口のときに、どもる量が増えます。したがって、ゆっくり話せばどもる量が減るのではないかと考え、ほとんどの親が「ゆっくり話しなさい」と話し方のアドバイスをしてしまいます。しかし、発話の未熟な幼児には、ゆっくり話すことはできません。そのため、親の期待に応えられない自分に劣等感を感じてしまうことが多いです。しかし吃音は親が悪いから発症するのではありません。吃音の40％は急性（1〜3日）に発症するものです。子どもがどもっていても、親が落ち着いて、ありのままのわが子を受け入れてほしいです。

・どもったら言い直させる
→言い直させられ、どもらず言えると、言い直しが効果あるのではないかと勘違いする人もいます。しかし、言い直しにより、吃音が治ることはなく、逆にストレスを与えます。

・子どもの話し方を真似する
→かわいい自分の子だから、どもってもかわいいと思う親はいます。しかし、わざとしているわけではないのに、真似をしてからかうことは、幼ない心でも傷きます。大人になっても「真似してほしくなかった」と鮮明に覚えている人もいます。

吃音は治るの？

　ことばの繰り返しが始まり、男児は3年で60％、女児は80％自然と治ります。しかし、家族に吃音がある場合は、自然と治る確率が下がります。成人になっても吃音が持続する人が人口の1％（100人に1人）は存在します。その割合は、国や文化、人種が異なっても、ほぼ同じ割合です。吃音が残っても、周りの人の理解があれば、どんな職業にも就くことができます。※吃音を急激に止める治療法はありません。

　もし、吃音が半年以上続いている場合は、このパンフレットをもらった保健所（福祉保健センター）、母子保健センターなどに問い合わせて、言語聴覚士に経過をみてもらうことをお勧めします。

出典：菊池良和著『吃音のリスクマネジメント』学苑社

資料

　　　　　　　　　　　　　　　　　　　　　　　　　　年　月　日

家族の方への問診票

氏名：＿＿＿＿＿＿＿＿＿

当てはまる方に○をつけてください。

吃音に初めて気づいたのはいつですか？	歳　カ月
急に（1〜3日）発症しましたか？徐々に（1週間以上）発症しましたか？	急に　徐々に
親戚や家族に吃音のある人がいますか？	はい　いいえ
思い当たる吃音の原因がある（具体的に：　　　　　　　　　　）	はい　いいえ
子どものことばがつっかえていると、責められる感じがする	はい　いいえ
親の前で苦しそうに話した経験は、子どもが将来覚えていると思う	はい　いいえ
子どもが：話し方を気にする（例：「口がうまく動かない」「つっかえる」「もう話せない」「何か喉が蓋をされる」と言う）	はい　いいえ
子どもが：助けを求める（例：「上手に話せない」「医者に診てもらいたい」「お薬ちょうだい」）	はい　いいえ
子どもが：困った表情をする（例：ため息、親の顔を見る）	はい　いいえ
子どもが：つっかえたら、話すのをやめる。話す場面を回避する	はい　いいえ
子どもが：我慢ならない様子（例：どもると、「いつもダメだ」と言ったり、頭を動かす）	はい　いいえ
発音が間違っていたり、不明瞭で聞き返すことが多い	はい　いいえ
この1週間で、一番長い吃音の時間はどのくらいでしたか？	秒
どもるときに、顔に力が入ったり、手足でタイミングを取ったりする	はい　いいえ
子どもと2人でじっくり話す時間がない（きょうだいは本人含めて　　人）	はい　いいえ
子どもをあまりほめない	はい　いいえ
子どもが話したことばを、意識して、復唱やわかりやすいことばで言い換えない	はい　いいえ
子どもがことばにつっかえていると、ゆっくり、落ち着いて、深呼吸してなどのアドバイスをする	はい　いいえ
ことばがなかなか出ないので、言いたいことばを先取りして、言っている	はい　いいえ
ことばがつっかえることを、子どもが友達にからかわれている	はい　いいえ
目の前で子どもの吃音の真似を友だちがしていたら、何と声かけますか？（　　　　　　　　　　　　　　　　　　　　　　　）	
「なぜことばがつまる（繰り返す）の？」と、子どもから質問されたら、どう応えますか？（　　　　　　　　　　　　　　　　　　　　　　）	
先生に吃音のことは、どうやって伝えますか？（　　　　　　　　　　　　　　　　　　　　　　　）	

・来院しようと思ったきっかけは何ですか？

・吃音（どもり）について知っていること（インターネット、本）、また聞きたいことをお書きください

　　　　　　　　　　　出典：菊池良和著『吃音のリスクマネジメント』学苑社

ご本人への問診票

　　　　　　　　　　　　　　　　　　　　　　　　年　　月　　日

氏名：＿＿＿＿＿＿＿＿＿＿

当てはまる方に○をつけてください。

来院しようと思ったきっかけは何ですか？

（　　　　　　　　　　　　　　　　　　　　　　　　　　　　　　　　　）

C	ことばがつっかえるのに気づいたのはいつごろですか？ どんな場面でした？（具体的に　　　　　　　　　　　）	歳
C	相手につっかえる（どもる）ことを知られたくない	はい　いいえ
C	自分の吃音をコントロールできない	はい　いいえ
A	話す直前に、うまく言えるか、つっかえる(どもる)か、不安になる	はい　いいえ
A	言いにくいことばがあると、言いやすいことばに置き換える	はい　いいえ
A	本当は、ことばを置き換えずに話したい	はい　いいえ
A	ことばがつっかえた後、落ち込んだり、自分を責める	はい　いいえ
A	ことばがつっかえた後、そのストレスを吐き出すことができない	はい　いいえ
A	相手は悪くない、悪いのは全部自分である	はい　いいえ
A	とっさの一言が言えないのが、なによりも困る	はい　いいえ
A'	うつうつとした気分がほとんど毎日続いている	はい　いいえ
A'	何をしても、興味をもって取り組めないし、喜びも感じられない。 そんな気分がほとんど毎日続いている	はい　いいえ
L	苦手なことばがある （具体的に　　　　　　　　　　　　　　　　　　　　）	はい　いいえ
L	食べたい料理が苦手な名前だったら、言いやすいメニューに変える	はい　いいえ
M'	ひとり言では、すらすらしゃべれることが多い	はい　いいえ
M'	歌では、つっかえない（どもらない）	はい　いいえ
M	話すときに、余計な力が入っている（どこに　　　　　）	はい　いいえ
S	苦手な場面、場所がある（具体的に　　　　　　　　　）	はい　いいえ
S	苦手な人がいる（具体的に　　　　　　　　　　　　　）	はい　いいえ
S	つっかえることでからかわれたり、いじめられた経験がある	はい　いいえ
S	つっかえていたら、「落ち着いて」「ゆっくり話して」と言われる	はい　いいえ
S	ことばがつっかえる（どもる）ので、「できない」ことがある	はい　いいえ

具体的には？

例:発表、日直、スピーチ、電話をとれない、予約などの電話をかけられない、散髪、店員さんと話す店には行かない、映画館に行けない

出典：菊池良和著『吃音のリスクマネジメント』学苑社

資 料

家族の方へ

吃音（どもり）とは

連発・伸発・難発のため、なめらかに話せないことです。2〜4歳ころにことばの発達の途中で5％に発症します。どもるのは、ほとんどが最初のことばです。歌を歌うときや、2人で声を合わせるとどもりません。連発と伸発の吃音だけであれば、苦しくありません。

吃音の進展段階

	吃音症状	心理的な負担
第1層	・お、お、お、おかあさん（連発） ・おーーーかあさん（伸発）	小 ↓ 大
第2層	・……おかあさん（難発） ・顔や首に力が入る、手や足でタイミングを取る（随伴症状）	

吃音は治るの？

男児は3年で6割、女児は3年で8割治癒する（下図）。

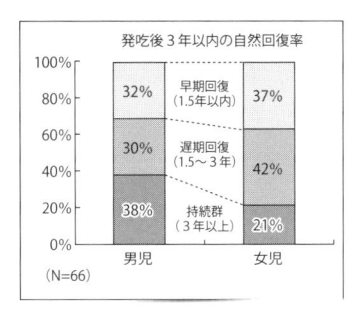

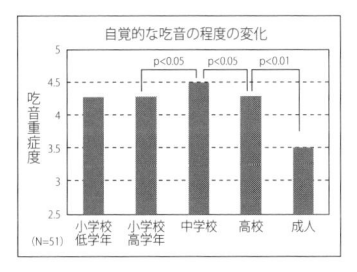

発吃後3年以内の自然回復率

男児：早期回復（1.5年以内）32％、遅期回復（1.5〜3年）30％、持続群（3年以上）38％
女児：早期回復 37％、遅期回復 42％、持続群 21％
（N=66）

自覚的な吃音の程度の変化（N=51）
小学校低学年、小学校高学年、中学校、高校、成人
p<0.05、p<0.05、p<0.01

吃音が治らなかったら？

吃音には症状の波があります。どんなに吃音が重くなっても、話す意欲を失わなければ、また吃音は軽くなります。成人になると、中学生をピークに、親も気づかない程度の吃音に軽減する人が多いです（右図）。だから吃音以外の支援をしていかければなりません。吃音があっても、吃音がない人と同様の仕事に就くことができます（例：教師、医師、看護師、警察官、弁護士、公務員、営業職など）。ただ、とっさの一言がでないことは成人になっても残る人が多いので、継続的なサポートが必要です。

家族として何ができるのか？

しない	できること
・話し方のアドバイスをしない 　（ゆっくり話して、深呼吸して、落ち着いてなど） ・ことばの先取りをしない 　（待っているよ、の姿勢） ※親の9割は話し方のアドバイスをしており、その3割はことばの先取りや言い直しをしている	・邪魔されない発話場面を確保する 　（1日5分、難しければことばを拾う） ・聞き上手になる 　（間を取る、交代交代に話す、おうむ返しなど） ・子どもが「ほめられている」と実感する回数を増やす。（お手伝い、「ありがとう」のことばなど）

これから起きること

本人からの吃音の質問	吃音のからかい
「なぜことばがつっかえるの？」→背景に友達の同様な質問 「うまく話せない」→必要があれば、専門家に相談 「なぜ病院に行くの？」→「吃音があるから」と伝えてもいい 吃音の本を手に届く所に置いておく	大人の助けが一番必要 自分でも言い返せるといい 「あなたは悪くない」と伝えよう

出典：菊池良和著『吃音のリスクマネジメント』学苑社

幼稚園・保育園の先生へ

吃音症（どもり）について

吃音（きつおん）は2〜4歳に5％（20人に1人）の割合で発症しますが、約4割の子が3歳児健診以降に発症します。そのため、幼稚園・保育園の先生が相談される機会は多いでしょう。発症後4年で、74％の子が自然回復しますが、吃音の家族歴がある子、男の子は回復する確率は減ります。親の育児方法や園の接し方が発症の原因ではありません。吃音は言語の発達過程で生じてしまうものであり、世界中同じ割合で発症しているのです。新学年、新学期には吃音の症状が一旦増えますが、時間とともに軽減することが多いです。幼稚園・保育園の先生に一番してほしいことは、子どもたちへの吃音の説明や、吃音の真似をしている子がいたらやめさせてほしいことです。歌や2人で声を合わせると、どんな子でも吃音は消失します。

吃音の進展段階

	吃音症状	心理的な負担
第1層	・お、お、お、おかあさん（連発） ・おーーーかあさん（伸発）	小 ↓ 大
第2層	・・・・・おかあさん（難発） ・顔や首に力が入る、手や足でタイミングを取る（随伴症状）	

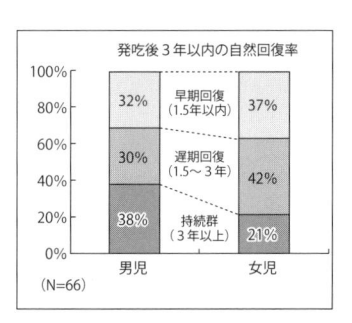

発吃後3年以内の自然回復率

	男児	女児
早期回復（1.5以内）	32%	37%
遅期回復（1.5〜3年）	30%	42%
持続群（3年以上）	38%	21%

(N=66)

先生が できること	①吃音のからかいをやめさせる（少しの真似でも、傷つく）。クラスで吃音のからかいがあったら報告させる。 ②話すのに時間がかかっても待つ。 ③話し方のアドバイスをしない（ゆっくり、深呼吸して、落ち着いて、など）→効果がなく、逆にプレッシャーになる。 ④2人で声を合わせて話すと、吃音が消失することを知っておく。

吃音の説明ロールプレイ
先生「○○くんは、ことばを繰り返したり、
　　　つまったりすることがあるけど、それを
　　　真似したり、からかわないように。
　　　もし真似する人がいたら、先生まで教えてね」
幼児「なんで真似してはいけないのですか？」
先生「わざとしているわけではないから」
幼児「うん」とうなづく（先生はほめる）

先生の一言が
非常に効果があり、
子どもは助かります。

出典：菊池良和著『吃音のリスクマネジメント』学苑社

資　料

学校の先生へ

吃音症（どもり）について

　吃音（きつおん）は、しゃべることばに連発（ぼ、ぼ、ぼ、ぼくは）、伸発（ぼーーーくは）、難発（……ぼくは）などが起きて、滑らかに発話できないことを指し、100人に1人は吃音があります。2011年に吃音のあるイギリスの王ジョージ6世の映画『英国王のスピーチ』がアカデミー賞を受賞したことで有名になりました。

　吃音は、言語発達の盛んな2〜4歳ころに発症するもので、原因はまだ特定されていません。吃音の治療法はまだ確立されていませんが、吃音によるいじめなどがなければ、年齢を重ねるにつれ、自然と軽減していくものです。精神的な弱さが吃音の原因と誤解されることがありますが、先生が精神的に強くしようとしても治すことはできません。吃音は最初のことばで発生することがほとんどであり、2人以上で声を合わせる（斉読）ことや歌では、吃音は消失します。

	連発 （最初のことばを繰り返す）	難発 （最初のことばが出るのに時間かかる）
苦手な場面	本読み、発表、劇、健康観察、 日直、号令、自己紹介	
得意な場面	友達との会話、得意な話をするとき	
困ること	真似される、吃音を指摘される、笑われる	「早く言いなさい」とせかされる 答え・漢字がわからない誤解される 一生懸命話そうとするが声がでない
先生ができること	①吃音のからかいをやめさせる（少しの真似でも、傷つく）。クラスで吃音のからかいがあったら報告させる。 ②話すのに時間がかかっても待つ。 ③話し方のアドバイスをしない（ゆっくり、深呼吸して、落ち着いて、など）→効果がなく、逆にプレッシャーになる。 ④本読み、号令などの対応を本人と話す。	

吃音の説明ロールプレイ
先生「○○くんは、ことばを繰り返したり、
　　　つまったりすることがあるけど、それを
　　　真似したり、からかわないように。
　　　もし真似する人がいたら、先生まで教えてね」
児童「なんで真似してはいけないのですか？」
先生「わざとしているわけではないから」
児童「わかりました」

先生の一言が非常に効果があり、子どもは助かります。

出典：菊池良和著『吃音のリスクマネジメント』学苑社

　　　　　　　　　　　　　　　　　　年　月　日

吃音のリスクマネジメント例（家族編）

　　　　　　　　　　　　氏名：＿＿＿＿＿＿＿＿＿＿

１．吃音のからかい・いじめとは何を指しますか？

２．友達が、子どもの吃音の真似をしていたら、どうしますか？

３．「なんで○○くんは同じことばを繰り返すの？」と子どもの友達から聞かれたら、どう答えますか？

４．先生に吃音のことを伝えるとき、どのような方法が効果的だと思いますか？

５．吃音のある子につい言ってしまう声掛けは何だと思いますか？

６．どもっている子の話の聞き方で、心掛けていることは何ですか？

　　　　　　　　出典：菊池良和『吃音のリスクマネジメント』学苑社

資　料

年　　月　　日

吃音のリスクマネジメント例（本人編）

氏名：＿＿＿＿＿＿＿＿＿＿＿

1．吃音とは何ですか？　友達にわかるように説明してください。

2．あなたの話し方を真似する友達がいたら、どうしますか？

3．「なんで、同じことばを繰り返すの？」と子どもの友達から聞かれたら、どう答えますか？

4．先生や友達から誤解されないために、必要なことは何だと思いますか？

5．ことばが出てこないときは、どうしますか？

6．面接や発表の際に、準備できることは何ですか？

出典：菊池良和『吃音のリスクマネジメント』学苑社

吃音のリスクマネジメント（家族編）回答例
1. 吃音のからかい・いじめとは何を指しますか？
　　→①真似する、②指摘する、③笑う、の3つが、からかい・いじめの初期。
2. 友達が、子どもの吃音の真似をしていたら、どうしますか？
　　→「真似しないでね。わざとではないから」と優しく伝える。
3. 「なんで○○くんは同じことばを繰り返すの？」と子どもの友達から聞かれたら、どう答えますか？
　　→「わざとではなく、時々繰り返してしまうのだよ。真似したり、笑わず、最後まで話を聞いてね」と伝える。お母さんが友達であれば、巻末資料を渡す。
4. 先生に吃音のことを伝えるとき、どのような方法が効果的だと思いますか？
　　→巻末資料を見せながら、吃音のことを伝える。高校3年生までするとよい。
5. 吃音のある子につい言ってしまう声掛けは何だと思いますか？
　　→「ゆっくり話しなさい」「落ち着いて」「深呼吸して」
6. どもっている子の話の聞き方で、心掛けていることは何ですか？
　　→話したことばを繰り返す（おうむ返し）

吃音のリスクマネジメント（本人編）回答例
1. 吃音とは何ですか？　友達にわかるように説明してください。
　　→吃音は話し始めのタイミングが時々合わない、100人に1人ある珍しいものではない。わざと繰り返しているのではない。聞き手は話し方のアドバイスをせず、話し方の内容を最後まで聞いてくれれば満足。
2. あなたの話し方を真似する友達がいたら、どうしますか？
　　→嫌であれば、親と先生に真似されて嫌だったことを話す。
3. 「なんで、同じことばを繰り返すの？」と友達から聞かれたら、どう答えますか？
　　→「昔から、時々どもってしまうんだ。わざとじゃないよ」「吃音っていうのもっているんだ」。聞かれるのが嫌だったら、親や先生に伝えて、皆に吃音のことを伝えてもらう。
4. 先生や友達から誤解されないために、必要なことは何だと思いますか？
　　→自分に吃音があることを伝えること。手紙でもいい。
5. ことばが出てこないときは、どうしますか？
　　→焦らない。のどに力を入れすぎず、優しい声で話し始める。口で言えないときは、紙に書いて伝える。
6. 面接や発表の際に、準備できることは何ですか？
　　→反復練習。できれば、家族や友達の前で練習する。

エピローグ

数年前に、NPO法人全国ことばを育む会発行の吃音リーフレット（学童編）を読んだときに、「吃音のからかいにあったら、どうすればいいのですか？」という質問に対して、「『許すな！』の一言じゃ」ということばに衝撃を受けました。「真似されたり、からかわれたら、言い返していいんだ」という当たり前の発想をもっていませんでした。「どもる自分が悪いんだ」と思い込んでいたし、吃音のある人がどうやってどもらない方法を見つけるかではなく、相手が変わればよいという発想にも気づきませんでした。また、吃音臨床の大先輩である目白大学の都筑澄夫先生から、「直面する問題には、まず過去の経験にアプローチすべき。吃音を隠す回避・言い換えをやめる」ことが、吃音のある人の支援に役立つということを教えていただきました。

また、2011年『ボクは吃音ドクターです。』（毎日新聞社）を出版してから年に10回以上講演依頼の話をいただき、全国各地の研究会や学会だけではなく、海外でも吃音の講演をしてきました。講演会の当初は、研究者が好む吃音の病態、原因、治療法の話をしていました。しかし、恥ずかしい話なのですが、その科学的データ

▼[29] NPO法人全国ことばを育む会
言語障害のある子どもの保護者を中心に活動する会（旧全国ことばを育む親の会）

を伝えた後、参加者の悩みにうまく答えられなかったことがありました。それは「幼稚園のお迎えに行ったとき、友達が息子の吃音の真似をしている場面に遭遇してしまい、ショックでした」という悩みです。親御さんは最新の吃音の研究を聞きたいというよりは、「どうやってわが子の吃音と向き合うのかを知りたい。そして、わが子に将来起こりうるリスクを未然に予防したり、吃音のリスクを最小限にしておきたい」ということを望んでいることに気づいたのです。

本書を通じて、吃音のリスクマネジメントという概念が広まることを期待していますし、吃音以外の小児の治らない疾患・障害に対して、同様にリスクマネジメントということばが広まることを期待しています。小児の疾患・障害に対しては、親の受け入れ、1年ごとに変わる学校での環境、社会への適応、というさまざまな問題があります。成人の疾患・障害は、そのような劇的な環境の変化は少ないのですが、「リスクマネジメント」という発想をもてば、小児の相談を受けられるようになると思います。幼児の吃音に対しても、「幼児の吃音には直接訓練法はないので、何もしない」という姿勢ではなく、「リスクマネジメント」で備えていただきたいです。

幼児の吃音の大半は治るものですが、大切なのは、「治らない吃音の子」の支援です。皆が「治る」ことを祈って、結局「治らない子」の支援が後手に回る吃音相

122

エピローグ

談は変わるべきだと思っています。吃音の発想の大転換（パラダイムシフト）は始まっているのです。

本書の出版にあたり、学苑社の杉本哲也さま、高原博幸さまには、『エビデンスに基づいた吃音支援入門』に続き、大変お世話になりました。前著に続きカバーのイラストを描いていただいた久保田万理恵先生、本文のイラストを描いていただいたはやしみこさまにも大変感謝いたします。また、九州大学大学院医学研究院耳鼻咽喉科小宗静男教授、臨床神経生理学講座飛松省三教授、音声喉頭科学をご教授いただいた梅﨑俊郎先生に感謝申し上げます。そして、妻と息子にも感謝しています。息子を通して子育ての大変さ・難しさを学び、目先のことではなく、5年後、10年後、15年後を考えた接し方を考える機会を得ました。日々の生活を陰ながら支えてくれる妻に、「ありがとう」とこの場を借りて伝えさせていただきます。

吃音臨床は、勉強をして、吃音のある人の味方になろうと思う人であれば、誰でもできるようになります。逆に、吃音の勉強をせず、吃音のある人の話を聞けないならば、吃音のある人の味方になることはできないでしょう。吃音臨床の一助として、巻末資料のPDFファイルを希望の方は、ご連絡ください（kiku618@gmail.com）。吃音臨床を始める人の手伝いをしたいと考えております。

医師　菊池良和

参考文献

Andrews G., Craig A., Feyer AM, Hoddinott S., Howie P., and Neilson M. Stuttering: A review of research findings and theories circa 1982. J Speech Hear Disord 1983 Aug; 48(3): 226-46.

Frank A. and Bloodstein O. Frequency of stuttering following repeated unison readings. J Speech Hear Res 1971 Sep; 14(3): 519-524.

http://www.stutteringhelp.org/wirthlin-survey-synopsis-results

見上昌睦・森永和代「吃音者の学校教育期における吃音の変動と通常の学級の教師に対する配慮・支援の要望」聴覚言語障害 2006; 34(6): 61-81.

吃音検査小委員会「吃音検査法〈試案1〉について」音声言語医学 1981; 22:194-208.

Langevin M., Bortnick K., Hammer T., and Wiebe E. Teasing/Bullying experienced by children who stutter: Toward development of a questionnaire. Contemporary Issues in Communication Science and Disorders 1998; 25: 12-24.

Mehrabian, A. Silent messages. Wadsworth, Belmont, California 1971.

Porter HVK. Studies in the psychology of stuttering: Stuttering phenomena in relation to size and personnel of audience. Journal of Speech Disorders 1939; 4: 323-333.

Yairi E. and Ambrose NG. Early childhood stuttering. Austin: Pro Ed. 2005.

【著者紹介】

菊池　良和（きくち　よしかず）

　医学博士　耳鼻咽喉科医師。1978年山口県生まれ。中学校1年生のときに、「吃音の悩みから解放されるには、医師になるしかない」と心に決める。九州大学医学部卒業後、宗像水光会病院研修医を経て、九州大学耳鼻咽喉科入局する。九州大学大学院臨床神経生理学教室で吃音者の脳研究を始め、国内外の学会で発表した吃音の脳研究に対して学会各賞を3度受賞している。現在は九州大学病院勤務。
　2001年に福岡言友会入会してから、全国の吃音者と交流を深め、NPO法人全国言友会連絡協議会理事で、ホームページ管理、海外の吃音団体とのコンタクトパーソンなどを行なっている。主な著書：『ボクは吃音ドクターです。』（毎日新聞社）、『エビデンスに基づいた吃音支援入門』（学苑社）
　メールアドレス：kiku618@gmail.com

【カバーイラスト】

久保田　万理恵（くぼた　まりえ）

　耳鼻咽喉科医師。九州大学医学部を卒業し、浜の町病院研修医を経て、九州大学病院、福岡赤十字病院勤務を経て、現在は九州大学大学院在学中。

【本文イラスト】

はやし　みこ

　福岡県福岡市在住。主な著書：『どうして声が出ないの？―マンガでわかる場面緘黙』『なっちゃんの声―学校で話せない子どもたちの理解のために』（ともに学苑社）

吃音のリスクマネジメント
——備えあれば憂いなし　　　　　　　　　　　　Ⓒ2014

　2014年9月10日　初版第1刷発行
　2017年8月25日　初版第3刷発行

　　　　　　　　　　　著　者　菊池良和
　　　　　　　　　　　発行者　杉本哲也
　　　　　　　　　　　発行所　株式会社　学　苑　社
　　　　　　　　　　　東京都千代田区富士見2-10-2
　　　　　　　　　　　電話(代)　03（3263）3817
　　　　　　　　　　　fax．　　 03（3263）2410
　　　　　　　　　　　振替　　 00100-7-177379
　　　　　　　　　　　印刷　　 藤原印刷株式会社
　　　　　　　　　　　製本　　 株式会社難波製本

検印省略　　　　　　　　乱丁落丁はお取り替えいたします。
　　　　　　　　　　　　定価はカバーに表示してあります。

ISBN978-4-7614-0765-0　C3037

心理・医療・教育の視点から学ぶ 吃音臨床入門講座

早坂菊子・菊池良和・小林宏明 著●B5判/本体1900円+税

吃音の問題について、心理、医療、教育という点からそれぞれの専門家が講義したものをまとめたテキスト。

子どもの吃音 ママ応援BOOK

菊池良和 著 はやしみこ イラスト●四六判/本体1300円+税

吃音の誤解と正しい情報を知れば、子どもの接し方がわかり、子どももママも笑顔が増えること間違いなし。

エビデンスに基づいた吃音支援入門

菊池良和 著●A5判/本体1900円+税

吃音外来医師の著者が、マンガや図表を多用し、吃音の最新情報から支援までをわかりやすく解説。長澤泰子氏推薦!

小児吃音臨床のエッセンス ▼初回面接のテクニック

菊池良和 編著●B5判/本体2300円+税

第一線で活躍している臨床家17名が、初回面接の心得を伝授。次の面接へのつなぎ方など具体例そして資料満載の書。

るいちゃんのけっこんしき

きだにやすのり 作 木谷アンケン 絵●A4判/本体1600円+税

「どもってもったえたいこと」「どもっていたってちゃんと伝わるわよ」吃音のある女の子の実話をもとにした、勇気と友情の絵本。

吃音のある学齢児のためのワークブック ▼態度と感情への支援

L・スコット 編 K・A・クメラ/N・リアドン 著
長澤泰子 監訳 中村勝則/坂田善政 訳●B5判/本体2500円+税

吃音に対する態度と感情の実態把握と支援の方法を、指導にすぐに使える教材と豊富な指導事例と共に、わかりやすく解説。

学齢期吃音の指導・支援 改訂第2版 ▼ICFに基づいたアセスメントプログラム

小林宏明 著●B5判/本体3600円+税

多くの現場の教師や言語聴覚士に活用されているプログラムの改訂版。プログラムはより簡素化され、資料なども大幅加筆。

吃音・流暢性障害のある子どもの理解と支援 特別支援教育における

小林宏明・川合紀宗 編著●B5判/本体3500円+税

最新の知見を織り交ぜながら、包括的に吃音を評価、指導・支援する方法について具体的に詳述した。

シリーズきこえとことばの発達と支援

吃音検査法 第2版

小澤恵美・原由紀・鈴木夏枝・森山晴之・大橋由紀江・餅田亜希子・坂田善政・酒井奈緒美 著
解説●本体5000円+税 検査図版●本体14000円+税

第2版より検査図版と解説が別売となった。解説にはスピーチサンプル(CD-ROM)に加え、症状サンプル(DVD)を付用。「吃音症状および非流暢性の分類」などを再構成した。

なゆたのきろく ▼吃音のある子どもの子育てと支援

阿部法子・坂田善政 著●A5判/本体1800円+税

変動することばの状態に心を揺らす母親と言語聴覚士のやりとりを再現。吃音に悩む親子を支援する臨床家のための1冊。

基礎からわかる言語障害児教育

日本言語障害児教育研究会 編著●B5判/本体3500円+税

全国の担当者に向けて研鑽の場を50年間提供し続けてきた研究会による「押さえておきたい基礎と要点」をまとめた1冊。

場面緘黙支援の最前線 ▼家族と支援者の連携をめざして

B・R・スミス/A・スルーキン 編 かんもくネット 訳●A5判/本体3600円+税

〒102-0071 東京都千代田区富士見2-10-2 **学苑社** TEL 03-3263-3817(代) FAX 03-3263-2410
http://www.gakuensha.co.jp/ info@gakuensha.co.jp